AF396104

UN RECTEUR

DE L'UNIVERSITÉ DE PARIS

AU XVᵉ SIÈCLE

Jehan Pluyette

et les Fondations qu'il institua

NOTICE BIOGRAPHIQUE ET HISTORIQUE

PAR

Charles PLUYETTE

PARIS

HONORÉ CHAMPION, LIBRAIRE

9, QUAI VOLTAIRE, 9

1900

UN

RECTEUR DE L'UNIVERSITÉ DE PARIS

AU XVᵉ SIÈCLE

———

UN RECTEUR

DE L'UNIVERSITÉ DE PARIS

AU XVᵉ SIÈCLE

Jehan Pluyette

et les Fondations qu'il institua

NOTICE BIOGRAPHIQUE ET HISTORIQUE

PAR

CHARLES PLUYETTE

PARIS

HONORÉ CHAMPION, LIBRAIRE

9, QUAI VOLTAIRE, 9

1900

AVANT-PROPOS

Le XVe siècle est une des époques les plus atta-
chantes de notre histoire.

Tout semble d'abord désespéré au royaume de
France. Les luttes entre factions ont favorisé l'invasion
étrangère ; les armées anglo-bourguignonnes occupent
presque tout le territoire, l'ennemi est maître de la
capitale ; le Dauphin, que l'on appelle par dérision le
« roi de Bourges », erre proscrit sur les confins du
Berri et du Poitou.

Cependant, à la voix de Jeanne d'Arc, l'âme de la
patrie française s'est ressaisie ; et, trente ans ne se
sont pas écoulés que le Connétable de Richemont,
secondé par tant d'illustres capitaines, a reconquis les
provinces perdues, « bouté dehors » les derniers débris
des armées anglaises et replacé Charles VII sur le
trône de Philippe-Auguste et de saint Louis.

A côté de cette magnifique épopée militaire s'accom-
plit, sans bruit, une œuvre de relèvement national, et
notamment de restauration de cet enseignement public
qui avait fait de Paris le flambeau de l'Europe pendant des siècles. L'initiative individuelle, si féconde en
créations multiples pendant les dernières années du
Moyen Age, coopère puissamment à cette œuvre.

Aussi peut-il y avoir quelque intérêt à esquisser, à
la suite des grandes figures si connues qui dominent
notre histoire au XVe siècle, la physionomie plus mo-

deste d'un Recteur de l'Université de Paris, à cette époque, lequel d'ailleurs institua des fondations scolaires importantes.

Cette étude avait déjà tenté, il y a quelques années, un savant archéologue, M. Vallet de Viriville.

Visitant, un jour, l'église de Mesnil-Aubry, près d'Écouen, au cœur de l'Ile-de-France, il y rencontra les débris de deux sépultures du XV⁰ siècle. L'une de ces tombes était celle de Jean Pluyette, curé de Mesnil-Aubry et Recteur de l'Université de Paris sous Charles VII.

L'éminent antiquaire rechercha ce qu'avait été ce personnage et lui consacra une notice des plus documentées (1).

Compléter ces renseignements par de nouvelles indications puisées à des sources authentiques; retracer, au moyen de papiers de famille, ce qui advint, à travers les âges, des fondations de Jean Pluyette, fondations auxquelles resta intimement lié le sort de l'un des plus anciens collèges de la Montagne Sainte-Geneviève, nous a paru pouvoir intéresser tous ceux qui aiment les choses du passé et sont heureux de voir ajouter une page aux archives de l'Ile-de-France et du vieux Paris.

(1) Cette notice a été insérée dans le XXV⁰ volume des *Mémoires de la Société des Antiquaires de France.*

UN

RECTEUR DE L'UNIVERSITÉ DE PARIS

AU XVe SIÈCLE

CHAPITRE PREMIER

En quel lieu naquit Jean Pluyette. — Sa famille. — Ses premières années. — Comment il se destina a la carrière des lettres et de l'enseignement.

Jean Pluyette naquit vers 1410 (1) à Fontenay-lès-Louvres, près d'Ecouen, village aussi désigné dans les actes sous le nom de Fontenay-en-France. Cette dernière spécification servait à distinguer les bourgades d'Ile-de-France des localités du même nom situées dans les autres provinces.

Les parents de Jean Pluyette étaient « laboureurs et marchands », double dénomination qui s'appliquait exclusivement, dans l'espèce, à la culture du sol et à la vente des produits agricoles (2).

Il semble, du reste, que le nom ou, comme le portent les actes d'alors. le « surnom » de *Pluyette*. tirât son origine de quelque sobriquet se référant à un incident de la vie rurale. Les laboureurs qui cultivaient jadis le terroir de Mesnil-Aubry et de Fontenay devaient, comme les laboureurs de tous les temps, se répandre en fréquentes doléances contre l'excessive sécheresse ou

(1) L'époque de la naissance de Jean Pluyette a été déduite approximativement au moyen d'un rapprochement avec les dates précises et connues auxquelles il fut investi de ses premières charges universitaires. (V. *Infrà*, p. 21.)

(2) M. Vallet de Viriville, *loc. cit.*

la trop grande humidité ; et, l'un d'eux, coutumier, sans doute, de réclamer une simple petite pluie — une *pluiette* — a pu garder comme surnom le mot qui revenait souvent ainsi dans ses discours. — Toujours est-il que les très nombreux membres de cette famille qui ont appartenu au clergé local avaient adopté comme écus- son « une main tenant une gerbe de blé sur laquelle tombe du ciel ou d'un nuage une petite pluie ou *pluyette* ». On en trouve notamment l'empreinte, cache- tée en cire rouge, sur une lettre que Gilles Pluyette, curé de Fontenay, adressait, le 3 juillet 1629, à Vincent de Paul, alors supérieur du collège des Bons-Enfans-Saint-Victor (1).

« La gerbe de Gilles Pluyette, dit à ce sujet « M. Vallet de Viriville, signifiait, sans doute, prise au « figuré, la moisson du Seigneur commise, avec la cure « de Fontenay, aux mains pastorales de ce prêtre. Prise « au propre, elle rappelait la profession de laboureur « qu'avaient exercée les parents de Jean Pluyette et qui « était encore celle de ses descendants. »

Il est, en effet, intéressant de constater que les vieilles familles rurales de l'Ile-de-France avaient toujours considéré la culture du sol natal comme une tradition des ancêtres. Elles surent maintenir cette tradition quelles que fussent les hautes dignités de l'Université, de la judicature ou du clergé dont il advenait que leurs enfants fussent parfois revêtus.

La condition matérielle et morale des paysans de la Brie, à la fin du moyen âge, ne ressemblait aucune- ment à ce qu'elle était au début de la féodalité. Ces paysans étaient attachés à la terre qu'ils cultivaient, non comme des serfs à la glèbe, mais comme des enfants à

(1) Cette lettre faisant partie des anciens papiers de ce collège a été déposée aux archives nationales, où elle figure sous la cote M. 106, n° 90.— L'écusson dont il s'agit a été, en outre, reproduit au bas de la gravure donnant la figuration de la pierre tombale de Jean Pluyette, gravure dessinée en 1765 par Ransonnette et dont nous annexons à la présente notice un fac-similé. (V. *Infra*, p. 59.)

l'*alma parens*. Lorsqu'on se reporte aux anciens registres des paroisses, on constate que les mêmes familles rurales ont occupé le même terroir pendant des siècles, n'émigrant pas, vivant autour du clocher de leur église de village où se succédaient des pasteurs pris dans leurs rangs. Ces laboureurs français demeuraient étroitement groupés, pour ne pas se laisser pénétrer par l'infiltration étrangère au milieu des invasions ou des guerres civiles dont leur pays était le théâtre, et pour ne pas se laisser déposséder du coin de terre où, de père en fils, ils avaient creusé le sillon.

Peu à peu, les baux à long terme, les emphytéoses et même des acquisitions directes faisaient passer en leurs mains la propriété foncière. Qu'ils payassent les taxes féodales d'ensaisinement à des suzerains du parti des Armagnacs ou du parti des Bourguignons (1), ils n'en restaient pas moins les véritables détenteurs de ce sol

(1) Les deux tombes du xv⁰ siècle, retrouvées par M. de Viriville dans l'église de Mesnil-Aubry, fournissent, à cet égard, matière à un rapprochement des plus instructifs.

L'une des tombes était, nous l'avons dit, celle de Jean Pluyette, fils de paysans. L'autre sépulture était celle d'une suzeraine du Mesnil-Aubry, la dame de Popincourt, épouse du fameux chevalier Simon Morhier qui fut Prévôt de Paris pendant l'occupation anglaise.

Devenu veuf, Simon Morhier racheta aux héritiers de sa femme le fief de Mesnil-Aubry. A cette occasion Henri VI d'Angleterre, en ratifiant la transmission de suzeraineté au profit du nouveau titulaire lui avait octroyé par lettres patentes du 12 octobre 1424 remise entière du droit féodal de cinquième denier, pour le récompenser de son dévouement au parti anglo-bourguignon. — Mais quand les troupes de Charles VII reprirent Paris, en 1436, Simon Morhier, fait prisonnier, dut, pour payer sa rançon, vendre à son tour le fief de Mesnil-Aubry.

Ce fief fut acquis par le seigneur de Guilhem, lequel le rétrocéda ensuite aux Montmorency.

Ainsi, en moins de vingt ans, la suzeraineté féodale du Mesnil-Aubry avait subi les fluctuations les plus diverses au gré des hasards de la politique.

Or, pendant cette période, les familles rurales, gardiennes immuables du sol d'Ile-de-France acquéraient peu à peu par petits morcellements une fraction importante du terroir local.

C'est ainsi, notamment, que Jean Pluyette laissa, à sa mort, une fortune immobilière des plus considérables, qui se répartit tant entre les membres de sa famille qu'entre les œuvres qu'il avait fondées. Ces transmissions de propriété foncière s'effectuaient très facilement, l'intervention y relative du suzerain féodal ne consistant plus, en fait, depuis longtemps, qu'en une simple perception fiscale dite « saisine ». Citons, à titre d'exemple, une de ces formules de saisine concernant une transmission de propriété au profit de la fabrique de Mesnil-Aubry : « ... 16 octobre 1478. — Reçu par moy Jehan de Montmorency les « saisines d'un arpent de terre, assis au terrouër d'Ecouen, que Aden Le Conte « soulait labourer comme fermier de feu M⁰ Jehan Pluyette, lequel arpent ledit « Jehan Pluyette a donné à l'église de Mesnil-Aubry. Et par ce moyen ay « saisi Gilles Le Duc et Pierre Le Conte, marguilliers de ladite église pour ledit « arpent. »

qui personnifiait pour eux la terre sacrée de la patrie.

C'est ainsi que les masses rurales constituèrent les assises les plus solides de la tradition et de l'unité nationales.

Parmi les familles de cultivateurs qui occupaient le terroir d'Ile-de-France et dont le nom s'y est perpétué, telles que les Antheaulme, les Le Duc, les Pluyette, cette dernière semble avoir tenu un rang particulièrement honorable.

Nous en trouvons la preuve dans ce fait que, pendant près de deux cents ans, à partir de la fin du xv° siècle, la cure de Fontenay « eut pour titulaires une suc-« cession ininterrompue de pasteurs originaires de Fon-« tenay et du nom de Pluyette (1) ».

Or, on sait qu'au moyen âge et même aux siècles suivants, la vie locale, dans les campagnes, se résumait en la vie paroissiale. La paroisse avait été l'organisme primordial de l'ancienne France rurale. « Au moyen âge, « dit Michelet (2), l'église était le domicile du peuple... « C'était alors l'asile universel. La vie sociale s'y était « réfugiée tout entière. »

Et cela était vrai surtout de l'église de village.

L'autorité du curé de campagne était et se maintint longtemps considérable. Sa mission était grande et belle.

Aussi, les cultivateurs d'Ile-de-France tenaient-ils à honneur de voir se recruter dans leurs rangs ce clergé local, lequel avait charge et tutelle des intérêts matériels et moraux du paysan (3).

Au moment, toutefois, de la naissance de Jean Pluyette, sa famille n'avait pas encore fourni la longue

---

(1) Vallet de Viriville, *loc. cit.* — De Guilhermy, *Inscriptions de la France*, t. II, p. 499.

(2) Michelet, *Histoire de France*, édition 1876, t. III, p. 210.

(3) Prévost, *L'Église et les campagnes au moyen âge*, p. 37 et suiv., 85 et suiv.

suite de pasteurs dont nous venons de parler et ne s'était pas élevée, dans l'échelle sociale, au rang qu'elle occupa par la suite.

Les parents du futur Recteur de l'Université de Paris étaient de modestes laboureurs dont l'avoir personnel devait être bien minime. Si Jean Pluyette laissa, à sa mort, une fortune immobilière considérable, il prend soin d'indiquer, dans son testament (1), que cette fortune provenait exclusivement de son *conquest,* c'est-à-dire de l'émolument qu'il avait acquis au cours de sa carrière universitaire ; d'où l'on peut conclure qu'il n'avait recueilli de ses parents aucun patrimoine appréciable.

On serait même fondé à s'étonner que, dans ce milieu d'humbles laboureurs, un enfant ait pu manifester de bonne heure une vocation bien arrêtée vers la carrière des lettres, si des recherches historiques n'avaient mis en lumière ce fait que, dès le xve siècle, l'enseignement primaire élémentaire était assez largement distribué dans les campagnes (2).

Au moyen âge, nous l'avons dit, la vie rurale locale se personnifiait en la vie paroissiale. Or, de très nombreuses et très anciennes décisions de synodes, ainsi que des instructions épiscopales, prescrivaient aux curés de campagne de favoriser la fondation des écoles, d'en assurer l'entretien et de rappeler à leurs paroissiens que les parents avaient le devoir moral de procurer à leurs enfants le bienfait de l'instruction. Ces écoles de hameaux étaient tenues, le plus souvent, par un prêtre ou un clerc.

---

(1) Archives nationales, section administrative, série II., n° 2554.

(2) Prévost, *L'Église et les campagnes au moyen âge,* p. 112 et suiv. — De Beaurepaire, *Notes et documents sur l'état des campagnes en Haute-Normandie au moyen âge.* — Abbé Morey, *Notes historiques sur les curés de campagne en Franche-Comté.* — Léopold Delisle, *Études sur la condition de la classe agricole au moyen âge.* — Abbé Allais, *De l'instruction publique en France avant la Révolution.*

On y donnait l'enseignement religieux et l'on apprenait aux enfants la lecture, l'écriture et le calcul. Les classes étaient très fréquentées et d'anciens sermons dépeignent les petits écoliers d'alors cheminant ensemble le long des haies, comme les écoliers de nos jours, se rendant par groupes à l'école, non pas avec leurs livres — car avant l'invention de l'imprimerie les livres étaient rares et coûteux, — mais portant attachées à la ceinture, pour ne pas les perdre, les tablettes ou planchettes de bois sur lesquelles étaient gravées les lettres de l'alphabet (1).

A l'école, l'enfant appartenant à une famille aisée payait une rétribution scolaire variable. L'enfant dont les parents étaient pauvres était instruit gratuitement.

En fait, à la suite des ruines et des désastres qu'avait entraînés la guerre de Cent Ans, et, notamment dans les campagnes d'Ile-de-France si souvent ravagées par les troupes anglaises et par les bandes armées à la solde des Armagnacs ou des Bourguignons, le fonctionnement régulier de l'œuvre scolaire n'était pas sans subir bien des vicissitudes. Mais, telles quelles, ces écoles suffisaient à entretenir dans ce milieu de cultivateurs un grand désir de s'instruire.

Elles ne pouvaient cependant procurer que les premiers éléments de l'instruction primaire.

A Paris, au contraire, s'échelonnaient sur les pentes de la montagne Sainte-Geneviève, des collèges dont la célébrité s'étendait au loin.

Dans ces siècles passés, non moins qu'aujourd'hui, la Grande Ville exerçait sur le monde civilisé tout entier une merveilleuse attraction.

Des étrangers nombreux venus pour se former à la philosophie, aux sciences et aux lettres, avaient voulu

(1) Prévost, *loc. cit.*, p. 157. — Lecoy de la Marche, *La Chaire chrétienne au moyen âge*, p. 164.

devenir, en quelque sorte, les enfants adoptifs de Paris, et y avaient fondé, pour ceux de leur nation, ces collèges que l'on appelait : collèges des Lombards, des Ecossais, des Irlandais.

Comment, dès lors, les cultivateurs d'Ile-de-France, que leur négoce amenait assez souvent dans la capitale, n'en auraient-ils pas, eux-mêmes, subi la fascination ?

Comment n'eussent-ils pas souhaité d'y envoyer ceux de leurs enfants qui révélaient des aptitudes plus spéciales, afin de leur permettre d'y perfectionner leur « écolage » et d'acquérir, par la suite, avec les grades universitaires, les dignités et les honneurs ?

« Au xv⁰ siècle, dit M. Vallet de Viriville (1), des tra-
« ditions anciennes et des institutions spéciales ou-
« vraient à des enfants heureusement doués, quelle que
« fût d'ailleurs leur naissance ou leur condition, la car-
« rière des lettres ou de l'Eglise. »

C'est ainsi que se décida la vocation de Jean Pluyette, alors qu'il n'était qu'un petit paysan d'une dizaine d'années, mais que, déjà, il avait donné les preuves d'une intelligence ouverte et de brillantes aptitudes.

(1) Vallet de Viriville, *loc. cit.*

CHAPITRE II

Jean Pluyette, bien jeune encore, avait, sans doute, accompagné plus d'une fois ses parents, lorsqu'ils venaient vendre leurs récoltes et denrées sur les marchés des environs et jusqu'à Paris même.

Ne peut-on supposer que la grande ville avait produit sur son esprit une impression profonde et que le tintement des cloches de Notre-Dame, fit prendre à ses aspirations d'enfant, leur première envolée vers les régions sereines des hautes études et des lettres ?

Mais, quel que fût le point de départ de cette vocation, elle n'était pas, alors, d'une réalisation si facile.

Il ne faudrait pas croire, en effet, que le jeune Jean Pluyette n'eût qu'à se diriger du côté de la montagne Sainte-Geneviève au lieu de retourner à son village de Fontenay.

Une telle vocation scolaire, vers l'an 1420, se heurtait tout d'abord à des difficultés matérielles créées par les événements. Paris était occupé par les Anglais. Sous l'œil impassible du duc de Bourgogne et d'Henri de Lancastre, la populace s'y livrait aux pires excès. Les rues venaient d'être ensanglantées par d'épouvantables massacres. Les bandes du boucher Capeluche ne s'étaient pas contentées de mettre à sac les demeures des habitants suspects d'être favorables aux Armagnacs ; on les avait vues molester les étudiants et piller le collège de Navarre.

Il fallait donc un certain courage et une rare persévérance de volonté pour suivre des études scolaires en des temps si troublés.

Il n'existait pas, d'ailleurs, au xve siècle, d'institutions analogues à nos lycées modernes.

La plupart des collèges n'abritaient alors que des *boursiers*. Ces boursiers, admis en vertu de titres de fondations dont ils étaient les bénéficiaires, étaient *chez eux* dans *leur* collège et vivaient, en quelque sorte, sur le pied d'égalité avec le Principal dont ils partageaient la table. Vers la fin du xve siècle et seulement dans quelques établissements d'instruction publique, on reçut à titre d'internes, concurremment avec les boursiers, des *portionistes*, étudiants qui payaient leur nourriture et leur logement et que nous appellerions aujourd'hui des pensionnaires. Par conséquent, en dehors des boursiers, l'effectif scolaire se composait presque exclusivement d'externes libres, lesquels, pour aller suivre les leçons de quelque maître, soit au domicile de celui-ci, soit dans les salles de cours d'un collège, devaient commencer par trouver, dans Paris, le vivre et le couvert.

Quelquefois se rencontraient, parmi ces externes, des jeunes gens riches qui pouvaient s'offrir chez eux les leçons d'un pédagogue. Ces privilégiés étaient désignés sous le nom de *caméristes*.

Mais, en thèse générale, les externes, que l'on appelait communément les « *martinets* » — peut-être parce qu'on les voyait aller et venir en bandes comme les oiseaux de ce nom — se trouvaient obligés, lorsqu'ils étaient sans fortune et sans famille à Paris, de mener une existence des plus précaires, faite de difficultés et de privations.

Quelques-uns, dans la nécessité de s'assurer tout d'abord les premières conditions d'existence matérielle, avaient dû accepter de remplir, dans les établissements d'instruction, des services de domesticité : « Presque « tous ceux qui balayaient ou écuraient dans les collèges, « écrit M. J. Quicherat (1), étaient de pauvres garçons « qui faisaient ce métier pour l'avantage d'attraper çà et « là un peu de lettres ou de philosophie. »

Arriver à obtenir les diplômes de bachelier ou de maître ès arts (2), tel était l'objectif de toute cette population d'escholiers.

« Pour se présenter à ces examens, dit M. Quiche-« rat, le candidat devait commencer par se faire délivrer, « moyennant finances, un certificat d'études qui lui était « remis, sur l'attestation du professeur, par le Principal « du collège.

« C'était à peu près la seule occasion où le *martinet* « eût affaire au Principal. »

Et le même auteur ajoute la curieuse observation suivante :

« Si donc des *martinets* renonçaient à se pré-« senter aux grades, ils pouvaient, à moins qu'ils « n'y causassent des troubles graves, continuer à fré-« quenter un collège, voire même plusieurs à la fois, « sans que le Principal sût seulement s'ils exis-« taient. Tel était le cas des « galoches » ou externes « amateurs, étudiants surannés pour qui suivre les « classes était devenu une profession. — Leur nom « leur venait de ce que, l'hiver, ils portaient des « patins ou galoches pour se conserver les pieds « secs à travers les boues du quartier latin (3). »

(1) J. Quicherat, *Histoire du collège Sainte-Barbe*.

(2) L'enseignement universitaire comprenait trois facultés supérieures : la Théologie, le Droit, la Médecine ; puis la faculté des Arts. On distinguait sept arts : la Grammaire, la Rhétorique, la Dialectique, l'Arithmétique, la Géométrie, la Musique, l'Astronomie.

(3) J. Quicherat, *loc. cit. supra*.

Plus heureux, à cet égard, que beaucoup de ses condisciples, le jeune Jean Pluyette, en quittant son village de Fontenay, avait pu rencontrer, à Paris, une demeure hospitalière chez des parents ou alliés du nom de Le Flamand qui exerçaient le métier de batteur d'or, en la Cité (1).

De là, il se rendait, chaque jour, sur la montagne Sainte-Geneviève, suivant assidûment les leçons des meilleurs maîtres, afin d'arriver lui-même à faire partie du personnel enseignant.

C'est qu'en effet « les cours étaient fréquemment pro-« fessés par des étudiants qui, *en régentant*, c'est-à-dire « en prenant la robe de professeur, se proposaient de « gagner ainsi de quoi subvenir aux frais de leurs der-« nières études de droit, de médecine ou de théologie.

« Avant trente ans ils déposaient la férule que les « statuts de l'Université leur permettaient de prendre « dès vingt et un ans, voire dix-huit ans, s'ils obtenaient « dispense. — L'engagement en vertu duquel ils « enseignaient était un contrat d'un an par lequel le « Directeur du collège s'obligeait à les nourrir et à les « loger... les rétributions qu'ils tiraient de leurs élèves « constituaient leurs seuls appointements (2). »

Jean Pluyette ne se proposait aucunement de déposer la férule, mais de suivre, au contraire, la carrière de l'enseignement vers laquelle il se sentait profondément attiré. Être admis notamment à professer dans l'illustre collège de Navarre était, à cette époque, un titre de gloire ambitionné par la jeunesse studieuse.

C'était le rêve que caressait aussi l'écolier Jean Pluyette.

<hr>

(1) Ces détails ne résultent que d'une tradition qui s'est transmise oralement dans la famille, mais ils semblent corroborés par ce fait que, sans doute pour payer une dette de reconnaissance, Jean Pluyette, par son testament, institua comme premier bénéficiaire des bourses qu'il fondait « son cousin et filleul Jean « Le Flamand, fils du défunt Jehan Le Flamand, orfèvre ».

(2) J. Quicherat, *loc. cit. supra*.

Le collège de Navarre, sur l'emplacement duquel s'élève aujourd'hui l'Ecole polytechnique, était le plus célèbre établissement d'instruction de l'Université de Paris.

Fondé en 1304, en vertu d'un legs fait par Jeanne de Navarre, femme de Philippe-le-Bel, il fut, jusqu'à la Révolution, un des dix grands collèges, de plein exercice, de Paris.

Voici ce qu'en disait Belleforest (*Cosmographie*, p. 194, *anno* 1567) : « La beauté de ce collège est telle que tant
« pour icelle que pour égard de sa fondation, la plus
« part des princes y sont nourris et y apprennent les
« lettres. C'est en ce collège que se gardent les chartes
« et thrésor de l'Université, telles que les fondations,
« libertez, immunitez et privilèges octroyés aux Facultés
« d'icelle... Et, ne saurait-on voir une police mieux
« ordonnée ny une ville mieux régie que cette assem-
« blée scolastique sous divers chefs tels que sont un
« grand-maistre, un principal de grammairiens, un pro-
« viseur, un sous-maistre... etc. Ce que je vois en icelle
« de plus rare est la *librairie* laquelle ne doit guère
« grand'chose à celle de Saint-Victor, soit en nombre
« de livres, ou en bonté ou rareté de volumes d'auteurs
« de toutes sciences et de toutes langues.

« Ce collège est divisé en grand et petit Navarre, et
« n'y va personne ès-arts que ceux qui sont demou-
« rans en iceluy, de peur que la fréquentation des
« martinets (ainsi appelle-t-on ceux des escoliers qui se
« tiennent par ville hors collège) n'altère aucunement
« la sévère façon de vie de ces réformés de ce collège
« royal.

« La première fondation de ce beau lieu n'a pas été
« de si peu d'effait que la Royne susnommée n'y ait
« donné 2.000 livres de rente sur tout son domaine de
« Brie et de Champaigne, lorsqu'elle le fonda de l'an de

« N.-S. 1304 et l'a fait si fort et de tel circuit qu'il n'y a
« plusieurs villes closes en France qui ne sauraient
« aprocher de la grandeur et enceinte des murs de ce
« collège..... »

Tel était le lieu où Jean Pluyette, après avoir conquis
brillamment les grades de maître ès arts et de bachelier
en théologie, fut admis à *régenter*.

Il se consacrait, en même temps, à la prêtrise et recevait les ordres sacrés.

Cette double vocation religieuse et pédagogique n'était
pas rare à cette époque.

L'Université de Paris était, en beaucoup de points,
une émanation de la puissance ecclésiastique. C'est par
les cloîtres et les couvents, où avaient été conservés,
recopiés et commentés les chefs-d'œuvre de l'antiquité,
que les belles-lettres avaient pu éviter de disparaître
dans le torrent des invasions barbares. Alors, plus qu'à
aucun autre moment, l'Eglise considérait le droit d'enseigner comme une des prérogatives de sa mission.

L'état ecclésiastique pouvait apparaître aussi comme
un refuge au milieu des maux et désastres de toute nature
qui étaient venus assaillir le malheureux pays de France
pendant la première période du xve siècle.

Cependant, après tant d'heures sombres allait enfin
briller un rayon d'espérance ! Le grand mouvement
patriotique suscité par Jeanne d'Arc n'avait pas pris fin
avec le martyre de l'héroïne. De 1436 à 1449 Charles VII
avait reconquis sa capitale et son royaume.

Mais que de ruines étaient accumulées (1) ! Paris avait

(1) Il suffit de se reporter aux récits du temps (*Journal d'un Bourgeois de
Paris*, Félibien, etc...) pour constater à quel degré de déchéance matérielle et
morale étaient arrivés la ville de Paris et le pays en général sous la domi-
nation anglaise. Henri de Lancastre et le Régent semblaient prendre à tâche,
par l'introduction de jeux grossiers ou d'exhibitions licencieuses, d'abaisser
le niveau moral des masses et de flatter les pires instincts de la populace. Le
jeu du « pourcel » alternait avec des danses macabres au Cimetière des Inno-
cents. Le duc de Bedford, Régent du Royaume, se conduisait, d'ailleurs, comme
en pays conquis. Possesseur d'immenses domaines dans le Hainaut, lesquels
produisaient d'importantes quantités de bière, il résolut de s'assurer des consom-

perdu plus du tiers de sa population. Son Université était presque déserte : ses collèges végétaient pauvrement.

Il y avait une œuvre ardue de relèvement à accomplir ! — Les bonnes volontés ne faillirent pas à la tâche.

Charles VII sut d'ailleurs discerner et choisir les concours qui pouvaient s'exercer utilement.

Ce n'est pas seulement dans les rangs de la noblesse féodale ou de la bourgeoisie, mais encore parmi les enfants du peuple qu'il allait chercher ses collaborateurs.

Au nombre de ces fils de plébéiens, le jeune maître ès-arts et bachelier en théologie Jean Pluyette n'avait pas tardé à se faire remarquer par l'étendue de son érudition, la netteté de son esprit et ses brillantes qualités didactiques. — Quand il *régentait* en grammaire ou en théologie, il groupait autour de lui un auditoire nombreux et attentif.

Pour reconstituer ce que fut la carrière universitaire de Jean Pluyette, il faut se reporter aux mentions fort brèves, que l'on trouve à glaner çà et là dans les anciens ouvrages qui traitent de l'enseignement public à cette époque.

Avant M. Vallet de Viriville, personne n'avait tenté un essai de coordination à cet égard.

mateurs dans la population parisienne. A cet effet, il fit arracher presque toutes les vignes des faubourgs et des environs de Paris afin que les habitants de cette ville privés de leur boisson favorite devinssent les clients des brasseries flamandes. — Les Rois de France avaient réuni, depuis plusieurs siècles et surtout depuis Charles V, dans une des tours du Louvre, dite *Tour de librairie*, une collection de manuscrits précieux qui formait un trésor unique en Europe. Cette bibliothèque, sous Charles VI, avait atteint le chiffre de 813 manuscrits de tous formats. Le duc de Bedfort se la fit adjuger pour la somme modique de 2.323 liv. 4 sols., et l'envoya à Londres. — Il fallut plus tard des négociations laborieuses et des sommes énormes pour que la France parvînt à rentrer en possession d'une partie seulement de ce trésor national. — Quant aux prédicateurs qui, sous l'occupation anglaise, cherchaient à réveiller le sentiment patriotique, ils étaient impitoyablement poursuivis et emprisonnés.

Ces quelques exemples permettent de se rendre compte de ce qui serait advenu des traditions et des destinées de notre pays si la mission providentielle de Jeanne d'Arc et le succès des armes de Charles VII n'eussent arraché la couronne de France à la maison de Lancastre !

Nous emprunterons à cet auteur la plupart des détails qui vont suivre. Lui-même avait indiqué les sources auxquelles il les avait puisés. Ce sont notamment les œuvres de Jean Launoy et de du Boulai. (Launoii — *Historia collegii Navarræ*, tome I, p, 164-210-212 : Bulæus — *Historia universitatis parisiensis*, tome V, page 895 et *passim.*)

C'est ainsi que nous voyons Jean Pluyette associé, en 1441, comme théologien, à la compagnie des maîtres au collège de Navarre. Cette titularisation, en même temps qu'elle conférait des émoluments appréciables, lui donnait une situation importante dans les conseils de l'Université.

La même année, il était élu Procureur de la nation de France.

Quelques mots de commentaire feront comprendre en quoi consistait cette dignité universitaire.

Dans l'ancienne Université de Paris, le nom de « *nation* » était donné à certaines subdivisions ou provinces la composant (1).

L'Université était formée de quatre *nations* qui avaient leurs titres particuliers : l'*honorable* nation de France, la *fidèle* nation de Picardie, la *vénérable* nation de Normandie, la *constante* nation de Germanie. C'étaient les Procureurs de ces nations qui, avec les Doyens des trois Facultés supérieures, formaient le Tribunal du Recteur.

Le Procureur de la nation de France était le premier

---

(1) C'est à proprement parler vers le xiii° siècle que l'Université de Paris se trouva définitivement constituée. A la même époque, la population scolaire se subdivisa suivant les pays d'origine des principaux groupes d'étudiants, en provinces ou nations. Chaque nation avait ses collèges, ses professeurs, ses étudiants.

« C'est ainsi que la nation de Normandie tirait de ses 7 diocèses son personnel « enseignant et ses élèves. Elle exerçait sa surveillance à Paris sur les 7 collèges : d'Harcourt, de Lisieux, du Trésorier, de Maistre Gervais, de Justice, « de Séez, et de Plessis. Elle avait son sceau, ses statuts, ses assemblées. » V. Bouquet, *L'Ancien collège d'Harcourt et le lycée Saint-Louis*, ch. I et suiv.

assesseur du Tribunal du Recteur et il remplissait auprès
des Juridictions spéciales de l'Université certaines fonctions analogues à celles du ministère public.

C'était l'échelon le plus élevé, avant le Rectorat, dans
l'ordre des dignités universitaires.

Le 23 juin 1442, Jean Pluyette était nommé Recteur
de l'Université de Paris.

Le Rectorat était une magistrature temporaire, con-
férée à l'élection, pour une période limitée, laquelle,
primitivement. n'excédait pas un trimestre, mais ne
tarda pas à s'étendre à la durée de une ou deux années.

Chef suprême de l'Université, le Recteur en était le
représentant attitré et avait mission d'en défendre les
franchises, d'en faire respecter les décisions et les droits
devant toute juridiction. Il exerçait un pouvoir discipli-
naire sur tous les membres composant le corps universitaire. Il avait été longtemps seul dépositaire des deniers de la corporation ; mais, l'augmentation successive
des attributions de sa charge ayant nécessité la création
d'un poste de caissier chargé de l'encaissement des
recettes, le Recteur ne percevait plus, au xve siècle, que
les rétributions ou « bourses » dont avaient à faire le
versement à l'Université ceux qui se faisaient admettre
dans ses rangs. Il rendait compte de l'encaissement de
ces sommes à l'expiration de son mandat.

Béguillet, dans son ouvrage traitant des anciennes
institutions parisiennes (1), retrace en ces termes les conditions dans lesquelles il était procédé à l'élection d'un
Recteur de l'Université.

« Ce magistrat est toujours pris dans la Faculté des
« arts. L'art. LXXIV des statuts de l'Université défend
« que l'on soit appelé au Rectorat avant d'avoir enseigné
« sept ans la grammaire ou la rhétorique dans un collège

___

(1) Béguillet, *Description de Paris,* t. III, p. 91 et suiv. — Cf. H. Denifle,
Chartular. Univ. Paris. Introd., p. XXVI.

« de plein exercice, ou professé deux ans la philosophie,
« à moins que l'on n'ait été Principal d'un collège pen-
« dant trois ans ou que l'on n'ait obtenu le degré de
« bachelier dans l'une des Facultés supérieures...

« ... A raison de la foule des « suppôts » qui com-
« posent le corps universitaire, ce ne sont point les
« *nations* ou *provinces* qui élisent directement le Rec-
« teur. Ce sont leurs députés que l'on nomme « *intrans* »
« qui se chargent de remplir, à cet égard, le vœu de
« leur compagnie.

« Chaque *nation*, dans un comité particulier qui se
« tient le matin, avant l'assemblée générale de la Fa-
« culté des arts, choisit un de ses suppôts à la pluralité
« des voix.

« Celui qui est élu « *intrans* » prête serment, entre les
« mains du procureur et en présence de la nation, qu'il
« choisira pour Recteur le suppôt le plus capable de la
« Faculté des arts. Ensuite, les quatre « *intrans* » prêtent
« le même serment entre les mains du Recteur à l'as-
« semblée générale de cette Faculté. De là, ils entrent
« en conclave où ils invoquent d'abord les lumières du
« Saint-Esprit. L'*intrans* de la nation de France pro-
« pose, celui de la nation de Picardie dit son avis et
« ainsi successivement celui de Normandie et celui de
« Germanie.

« C'est à l'*intrans* de la nation de France qu'il appar-
« tient de recueillir les suffrages et de conclure à la
« pluralité des voix. S'il y a partage entre les voix, le
« Recteur a droit de prépondérance pourvu qu'il n'y ait
« pas deux suffrages en sa faveur. Dans ce cas, ce serait
« à celui qui l'aurait précédé dans le Rectorat de donner
« sa voix...

« Lorsque les *intrans* sont d'accord sur le sujet qu'ils
« doivent nommer, ils reviennent à l'assemblée et celui
« de la nation duquel est le nouveau Recteur rend

« compte de l'élection à la compagnie. Alors, les na-
« tions se partagent pour confirmer, chacune en son
« particulier, le choix qu'a fait son *intrans*.

« Si l'ancien Recteur est continué, il ne prête pas un
« nouveau serment. Si c'est un autre, celui-ci, revêtu
« alors des habits de sa nouvelle dignité, prête serment, .
« après sa confirmation par les nations, entre les mains
« de son prédécesseur. »

L'émolument attaché au Rectorat était fort minime
et ne consistait qu'en certains droits de sceau ou de par-
chemin. Mais cette haute magistrature était entourée
d'un prestige tout spécial.

Le Recteur portait dans les cérémonies officielles le
plus riche costume : robe, chaperon, ceinture de soie à
glands d'or, aumônière, etc., le tout de couleur violette.

Après son élection, il était conduit processionnelle-
ment à l'église où avait lieu une cérémonie en grande
pompe.

Voici en quels termes l'auteur que nous venons de
citer apprécie la haute situation d'un Recteur de l'Université de Paris :

« Le Recteur élu n'est plus un particulier ; c'est un
« monarque dans l'Université. Il reçoit le serment de
« tous les gradés. Il a droit de visiter tous les collèges
« de l'Université.

« Il peut assister à tous les actes qui s'y font et y tenir
« le premier rang — sauf dans les assemblées parti-
« culières des Facultés et des Nations. Ce magistrat
« exerce une juridiction contentieuse sur tous les
« membres de l'Université. Si l'on en croit Dubreuil et
« Belleforest, le Recteur précédait, dans tous les actes
« publics, les nonces du Pape, les cardinaux, les pairs
« de France et les ambassadeurs de toutes les cours
« étrangères. »

C'est à de tels honneurs et à de telles dignités que

pouvait aspirer et parvenir, au moyen âge, un simple fils de paysans, sans fortune et sans appui, mais qui, par son travail et ses mérites, avait su conquérir une place prépondérante dans le corps enseignant !

Jean Pluyette, arrivé au sommet de la hiérarchie universitaire, n'en avait pas moins conservé sa situation au collège de Navarre.

Suivant du Boulay, il fut appelé, en mars 1446, à remplir, par intérim, les fonctions de proviseur de ce collège.

En la même année, Jean Pluyette était de nouveau élu Procureur de la nation de France.

Le 23 mars 1448, il obtenait *pour la seconde fois les honneurs du Rectorat*.

Le 31 décembre 1449, il était nommé Chapelain de la nation de France. C'était l'un des plus importants bénéfices électifs dévolus à l'Université.

Par lettres données à Tours, le 22 septembre 1450, Charles VII confirma Jean Pluyette dans les fonctions de Proviseur du collège de Navarre.

Ledit acte de consécration expliquait que ces fonctions lui étaient conférées *« pietatis et meritorum suorum intuitu »*.

Au nombre de ces « mérites », les capacités administratives dont Jean Pluyette avait déjà donné les preuves devaient certainement l'avoir fait désigner pour le poste dont il s'agit.

« Le Proviseur de Navarre, semblable au fonction-
« naire désigné de nos jours sous le titre d'économe,
« était chargé de pourvoir à tout le matériel et aux
« dépenses du collège. Il justifiait de sa gestion devant
« les Trésoriers du Roi en la Chambre des Comptes,
« lesquels exerçaient, au nom de la Couronne, la
« surintendance de cette administration (1). »

(1) M. Vallet de Viriville, *loc. cit. supra.*

En 1452, d'après les tableaux que nous a laissés Jean Launoy (1), Jean Pluyette figurait toujours parmi les théologiens du collège royal.

Le 21 février 1463, il succéda à Jacques Bernard comme Chapelain de la chapelle de Savoisy, fondation qui rappelait un incident resté mémorable dans les fastes universitaires (2).

Nous voyons qu'il occupait, d'ailleurs, dans les conseils de l'Université, une place de plus en plus prépondérante.

En 1474, il faisait partie de la Réunion des Maîtres de la Nation de France, régents de la Faculté des arts. L'ordonnance de Louis XI contre les Nominaux, rendue le 1er mars de ladite année, désigne Jean Pluyette au nombre des commissaires royaux qui étaient chargés d'exécuter l'édit (3).

Mais, la page la plus intéressante à étudier dans la carrière universitaire de Jean Pluyette se réfère à sa nomination, vers 1455 (4) au poste de Principal du collège des Bons-Enfans-Saint-Victor.

---

(1) Launoy, t. I, p. 176. — Du Boulay, t. V, p. 895 et suiv. — Abbé Lebeuf, *passim*.

(2) Crevier, dans son *Histoire de l'Université* (t. III, p. 222), rapporte que vers l'an 1403, à la suite de conflits entre les écoliers de l'Université et les pages du Chambellan du Roi, Ch. de Savoisy, ceux-ci envahirent, pendant un office, l'église Notre-Dame du Val-des-Ecoliers où les étudiants étaient réunis, et se jetèrent sur eux en en blessant plusieurs.
L'Université poursuivit devant le Parlement la répression de ce scandale et Savoisy fut condamné à payer 1.000 l. t. de dommages-intérêts aux écoliers molestés, 1.000 l. t. à l'Université, et à fournir le fonds de 100 liv. de rente perpétuelle pour la fondation de cinq chapelles. Il vit de plus démolir l'hôtel qui lui servait d'habitation. Ce fut seulement 112 ans après que l'Université consentit à en autoriser la reconstruction.
Cet incident fournit une indication fort curieuse de ce qu'était la puissance de l'ancienne Université de Paris.

(3) Vallet de Viriville, *loc. cit.*

(1) « Si Jean Pluyette figure en 1452 sur les tableaux que nous a laissés Jean « Launoy, parmi les théologiens du collège royal, en 1460, sous la date du « 18 avril, un document authentique mentionne Etienne Paquot comme étant « alors proviseur de Navarre. Ce fut apparemment entre ces deux termes : « 1452 et 1460, que Jean Pluyette quitta le collège de Navarre pour devenir « maître ou principal des Bons-Enfans-Saint-Victor. » (Vallet de Viriville, *loc. cit.*).
Ajoutons que Jean Pluyette était déjà principal dudit collège avant l'année 1456. C'est à cette date que remontent les premières acquisitions d'immeubles faites par lui, acquisitions dont les titres existent aux Archives nationales. (S. 6373). Or, dans ces documents, Jean Pluyette est désigné avec la qualité de Principal du collège des Bons-Enfans-Saint-Victor.

La mission dont il était ainsi chargé était délicate. Il s'agissait de relever un des collèges les plus anciens de Paris, mais qui était alors tombé dans l'abandon et le dénûment.

Jean Pluyette réussit pleinement dans l'accomplissement de cette tâche.

De plus, son passage au collège des Bons-Enfans lui inspira l'importante fondation que nous allons étudier, fondation qui tient une si grande place dans l'histoire de cet établissement scolaire.

CHAPITRE III

LE COLLÈGE DES BONS-ENFANS-SAINT-VICTOR. — LES FONDATIONS DE JEAN PLUYETTE.

§ I

Le Collège des Bons-Enfans-Saint-Victor.

Parmi les collèges du vieux Paris qui s'échelonnaient sur la montagne Sainte-Geneviève, se trouvait le collège des *Bons-Enfans*. Il était situé rue Saint-Victor, tout près de l'enceinte de Philippe-Auguste. En cet endroit existait une des portes fortifiées de Paris, dénommée « Porte Saint-Victor », d'où l'on avait accès en rase campagne au milieu des vignes et des champs cultivés.

Une route, qui était le prolongement *extra muros* de la rue Saint-Victor, partait de cette porte pour aboutir à un monastère (1), dont l'imposante silhouette se profilait à l'horizon.

C'était l'antique abbaye Saint-Victor, laquelle exerçait juridiction sur tout le pays d'alentour et avait donné son nom au quartier de Paris avoisinant.

Cette abbaye, nous dit Crevier (2), était à l'origine une simple chapelle dépendant des moines de Saint-Victor de Marseille. Elle se trouvait déjà érigée en prieuré lorsque le célèbre Guillaume de Champeaux s'y retira, en 1109, et y fonda une école de savants et de théologiens qui conquit immédiatement une grande célébrité.

---

(1) C'est sur l'emplacement autrefois occupé par l'abbaye Saint-Victor que se trouve aujourd'hui l'entrepôt du quai Saint-Bernard. — Nous reproduisons ci-contre, d'après d'anciens dessins, des vues de l'abbaye Saint-Victor et de la porte Saint-Victor.

(2) Crevier, *Histoire de l'Université*, tome I, p. 102-117-123-179 ; tome III, p. 312.

L'Église et une partie de l'Abbaye de Saint-Victor

Reproduction d'un dessin de Pernot, dressé d'après le plan dit de la « Tapisserie »
et plusieurs anciennes estampes.

La Porte Saint-Victor vers le XIVe siècle.

Gravure extraite de l'ouvrage *Le Vieux Paris*, publié chez Jeaume et Dero-Becker, éditeurs, Paris, 1838-1839.

En l'an 1113, Louis VI y établit un chapitre régulier avec le titre d'abbaye (1).

Si l'Université de Paris se faisait gloire de remonter à Charlemagne, la maison de Saint-Victor était donc, pour celle-ci, une filiale des plus vénérables ! Des liens étroits l'avaient, de tous temps, rattachée à l'Université. En 1410 elle avait demandé à porter le titre de collège académique, requête qui, nous dit Crevier (2), fut trouvée juste et favorablement accueillie. Du Boulay rapporte qu'en confirmation de cet acte, deux autres actes intervinrent en 1428 et 1498, aux termes desquels les religieux de Saint-Victor « sont reconnus pour vrais et « légitimes écoliers de l'Université qui les prend sous « sa protection et sauvegarde ».

C'est dans le voisinage, dans le rayonnement de ce grand centre intellectuel qu'avait été fondé, rue Saint-Victor, le collège des Bons-Enfans.

Mais il n'existait aucun lien particulier entre la maison de Saint-Victor, qui était une sorte d'école normale de professeurs et de savants, et le collège des Bons-Enfans, fondation privée qui avait pour objet de procurer à quelques boursiers et accessoirement à des écoliers externes les premiers éléments de l'instruction et de les initier même à la grammaire, au rudiment et à la théologie pour leur permettre de conquérir les grades de bachelier et de maître ès arts.

Sans donc nous attarder davantage à l'abbaye Saint-Victor, revenons, après avoir à nouveau franchi le mur d'enceinte de Paris, au collège des Bons-Enfans.

Il était situé, nous l'avons dit, tout près de la porte de

---

(1) « Louis le Gros estant affligé par les conspirations et traîtreuses menées « de quelques seigneurs français, il les combattit et remporta la victoire, en sou-« venir de quoy et pour remercier Dieu, il fonda l'abbaye Saint-Victor-lès-Paris, « en laquelle il mit des religieux chanoines vivant selon et suyvant l'ordre de « Saint-Augustin. Les lettres de fondation furent données à Châlons, en palais « public, l'an de N.-S. 1113. » (Belleforest, *Cosmographie*, page 217).

(2) Crevier, *Histoire de l'Université*, t. III, p. 312.

Ville, au pied des grands remparts élevés par Philippe-
Auguste. Il occupait une superficie de 4.000 mètres environ, en cours, jardins, préaux, bâtiments et chapelle.
Il se composait de deux constructions principales placées
en équerre à l'angle de la rue Saint-Victor et du chemin
longeant le mur d'enceinte.

Nous en reproduisons plus loin (pages 54 et 71) la
silhouette d'après les anciens plans de Paris à vol d'oi-
seau de Mathieu Mérian (1615) et de Jaillot (1717) (1).

De l'autre côté de la rue Saint-Victor, en face du collège, s'élevaient des constructions assez modestes comme
il pouvait s'en trouver aux portes de ville. On sait qu'à
cette époque les maisons de Paris n'étaient pas numé-
rotées et qu'elles se distinguaient les unes des autres par
les enseignes qui y étaient suspendues. C'est ainsi qu'on
pouvait remarquer parmi ces constructions, sises à l'in-
tersection de la rue Saint-Victor et des rues d'Arras et
de Versailles, la maison ayant pour enseigne « Le Coq »
et celle ayant pour enseigne « La Cage » (2).

Le collège des Bons-Enfans était un des plus anciens
de Paris. Sa dénomination même, en sa forme un peu
naïve de la vieille langue française, attestait son antique

---

(1) L'emplacement du collège des Bons-Enfans se trouve également indiqué
dans un plan dressé par A. Lenoir en 1837 (dont extrait ci-contre) qui donne une
idée de ce qu'étaient le bourg, la porte et la rue Saint-Victor au temps de Philippe le Bel. La Bièvre pénétrait alors dans Paris près de la porte Saint-Victor et
coulait devant le collège des Bons-Enfans. En fait, elle contournait même les
bâtiments du collège à l'ouest. « Mais, nous dit Jaillot (*Recherches critiques,
« historiques et topographiques de la Ville de Paris*, édition 1783, t. IV, p. 17),
« les fossés et arrière-fossés qu'on fut obligé de faire sous la régence et le
« règne de Charles V mirent dans la nécessité de détourner la Bièvre. On lui
« creusa un nouveau lit entre la rue d'Alez et celle des Fossés-Saint-Bernard. »
Il résulte, en outre, d'une transaction intervenue le 29 septembre 1778 entre
l'administration des Bons-Enfans et le collège du Cardinal Lemoine (*Archives
nationales*, S, 6852) que les deux collèges qui étaient contigus avaient comme
ligne séparative, l'ancien lit de la Bièvre. Un plan annexé à la convention contient diverses légendes explicatives rappelant qu'une ordonnance du Parlement
du 23 septembre 1473 avait ordonné le curage de l'ancien canal lequel fut voûté
au siècle suivant et définitivement comblé en 1671.

Au temps de Jean Pluyette, la façade principale du collège donnait de plain-
pied sur la rue Saint-Victor ; mais l'ancien canal existait encore sur la partie
ouest où il formait une sorte d'égout à ciel ouvert qui rejoignait, un peu plus
bas, en allant vers la Seine, le nouveau canal de Bièvre.

(2) Anciens titres de propriété. *Archives nationales*, S. 6373 et 6374.

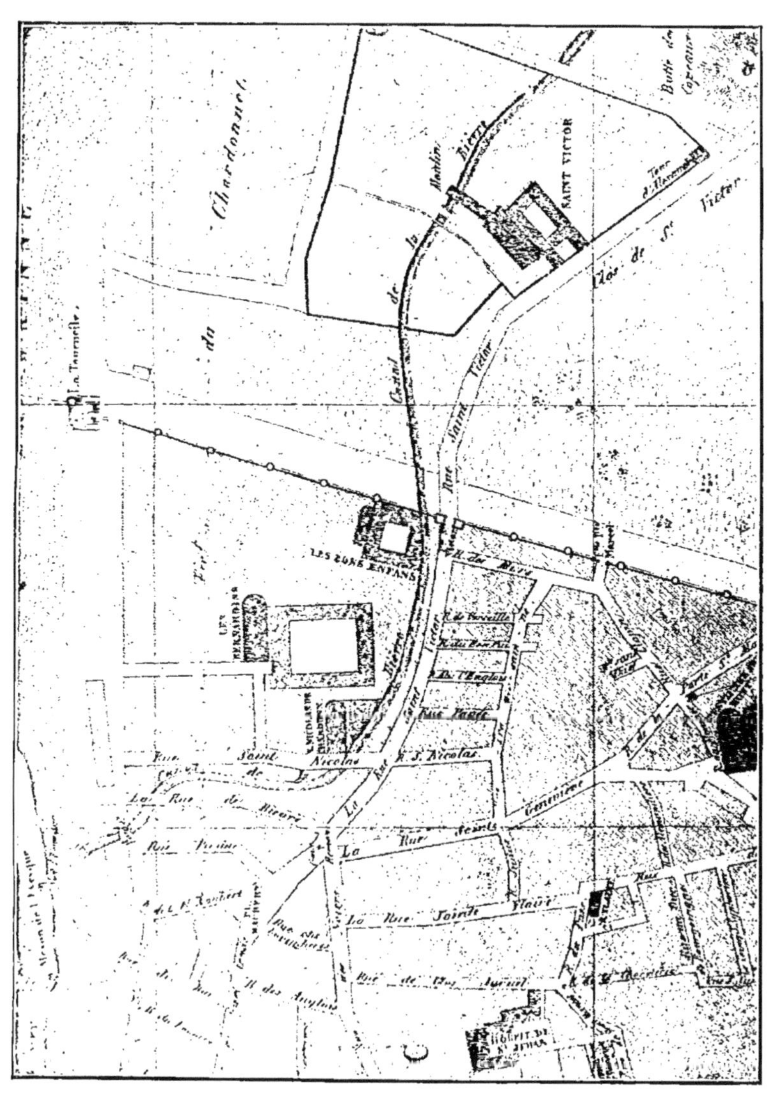

LE QUARTIER ET LE BOURG SAINT-VICTOR
AU XIVᵉ SIÈCLE

D'après le plan d'Albert Lenoir, annexé à l'ouvrage de Géraud,
(*Paris sous Philippe le Bel.*)

origine. « Il paraît, dit Dulaure (1), que l'on donnait
« alors le nom de *Bons-Enfans* aux jeunes gens stu-
« dieux qui se livraient à l'étude et que, par opposition,
« on nommait *mauvais garçons* ceux qui vivaient dans
« la débauche et le brigandage. Il existe encore deux
« rues de Paris portant ces anciennes dénominations. »

On l'avait appelé collège des Bons-Enfans-Saint-
Victor, à raison du quartier de Paris où il était situé,
pour le distinguer d'un autre collège des Bons-Enfans
qui existait, à la même époque, près de l'église collé-
giale Saint-Honoré, mais qui, ne se trouvant pas sur le
territoire de l'Université, n'eut, comme établissement
scolaire, qu'un rôle assez effacé (2).

A quelle époque et par qui le collège des Bons-
Enfans-Saint-Victor avait-il été fondé ?

Les documents manquent à cet égard. S'il faut en
croire une note publiée en 1689 par l'Université (3), il
aurait eu pour fondateur le roi Robert mort en 1031. Ce
collège se trouverait alors avoir été le plus ancien des
établissements scolaires de Paris. Mais aucune preuve
ne justifie l'assertion de cette note.

Tout ce qu'on peut dire, c'est qu'un acte de 1247, cité
par Lebeuf et dans lequel il est fait mention de ce
collège, vient en attester l'existence à cette date. Mais
une bulle d'Innocent IV, datée du 24 novembre 1248,

---

(1) Dulaure, *Histoire de Paris*, tome II, p. 281. Edition 1829.

(2) En l'an 1247, dit l'abbé Lebeuf (*Histoire de la ville et du diocèse de Paris*, t. III, p. 586, édition 1867), une dame charitable nommée Geneviève avait légué par son testament, fait à cette date, « *Bonis pueris X solidos* ». Et, pour qu'il n'y ait pas confusion entre les bénificiaires de ce legs et les Bons-Enfans-Saint-Honoré, elle a soin d'ajouter qu'elle lègue également « *Scolaribus Sancti Honorati V sols.* »
C'est du collège des Bons-Enfans-Saint-Honoré que tirait son nom une rue de Paris qui existe encore près du Palais-Royal et qui a conservé son ancienne dénomination de rue des Bons-Enfans. Ce collège a été, en 1602, réuni au chapitre Saint-Honoré par bulle du pape Clément VIII. (Recueil des délibérations du conseil d'administration du collège Louis-le-Grand, tome I, p. 392.)

(3) Recueil imprimé des délibérations du conseil d'administration de Louis-le-Grand, page 12 (collège des Bons-Enfans) *Archives nationales*, S. 6373. — Jaillot, *Recherches critiques, historiques et topographiques sur la ville de Paris*, édition 1782, t. IV, p. 157.

semble prouver que cet établissement était de fondation récente, car le pape autorise les pauvres écoliers, dits « *boni pueri* », à avoir dans leur propre maison une chapelle pour y célébrer les offices divins : or on sait qu'après l'acquisition d'un terrain, le premier souci des fondateurs de collèges, au moyen âge, était de posséder une chapelle. Pour des motifs qui ne sont pas expliqués, cette concession de chapelle ne fut, d'ailleurs, accordée au collège qu'en 1257, par l'évêque de Paris, Renaud de Corbeil, et sous réserve des droits du curé de Saint-Nicolas du Chardonnet (1).

Nous lisons dans Crevier, que saint Louis portait le plus vif intérêt à la jeunesse studieuse, mais pauvre, qui fréquentait le collège des Bons-Enfans-Saint-Victor et qu'il légua à ce collège, par une clause spéciale de son testament, une somme de 60 écus d'or.

Le comte d'Alençon fit, de son côté, donation aux Bons-Enfans de 40 sols de revenu. Enfin, Mathieu de Vendôme, abbé de Saint-Denis, agissant comme exécuteur du testament de Guy Renol, médecin de Philippe le Hardi, assigna également une rente de 15 livres parisis pour l'entretien du chapelain (2).

Ces libéralités jointes aux legs et fondations de bourses émanant de particuliers ou autres personnes charitables avaient permis au collège des Bons-Enfans de subsister pendant plus de deux siècles, c'est-à-dire d'abriter un Principal, un Chapelain, un ou deux maîtres et quelques boursiers et, en outre, de tenir classe ouverte pour les élèves externes.

Telles étaient les conditions générales de fondation et

(1) Du Boulay, t. III, p. 217. — *Cartulaire de Notre-Dame de Paris*, t. III, p. 250-251. — Bournon (F.), *Rectification et addition à l'histoire du diocèse de Paris de l'abbé Lebeuf* (1892), p. 391.

(2) Rapport du conseiller de L'Averny fait le 12 septembre 1763 au Parlement de Paris sur le rattachement des Petits Collèges de Boursiers au collège Louis-le-Grand. — V. également Crevier, *loc. cit.* Félibien, *passim ;* Recueil des délibérations du conseil du collège Louis-le-Grand, tome I, page 393.

de fonctionnement de tous les collèges du vieux Paris.

C'était, d'ordinaire, sous forme de constitution d'une rente perpétuelle gagée par le revenu d'un immeuble rural ou urbain, ou par une délégation sur le produit d'une taxe fiscale telle que les gabelles, qu'il était pourvu à la fondation d'un collège et de bourses dans ce collège.

Or, il est facile de comprendre le caractère de précarité que pouvaient présenter parfois de semblables ressources budgétaires, au milieu des guerres étrangères et civiles, quand les domaines ruraux saccagés par l'invasion restaient abandonnés sans culture, ou que l'immeuble urbain sur lequel la rente foncière était assise venait soit à être détruit, soit à rester vide de locataires.

Comment encore les successeurs de saint Louis auraient-ils pu continuer à servir les rentes assignées sur la cassette royale, quand les ressources dont disposait le Roi de France, au début du xve siècle, étaient absorbées et au delà par les luttes à soutenir contre les Anglais et les Bourguignons ?

De là était née l'obligation, pour les administrateurs de collèges, de chercher les compléments de ressources indispensables dans des quêtes et autres moyens de subsides et surtout dans la perception de taxes scolaires que devaient acquitter les écoliers externes.

Mais, nous avons vu plus haut que la situation de ces externes, ou martinets, était déjà bien difficile. Ils devaient se loger, se nourrir. C'étaient eux qui rémunéraient, soit en argent, soit sous forme de dons en nature, le professeur qui les *régentait*. Ils ne pouvaient donc acquitter entre les mains du Principal du collège qu'une taxe scolaire relativement minime.

Aussi, les écoliers pauvres constituant la clientèle d'un collège plongé lui-même dans le dénûment avaient-ils été amenés à recourir à la charité publique. Ce n'est pas qu'ils mendiassent en la manière des loqueteux tendant la main sous un porche d'église ; mais, groupés en sortes de confréries, par collèges, ils quémandaient, soit à domicile, soit sur la voie publique, des offrandes au profit de leurs associations.

Or, si les confréries d'écoliers étaient en général peu fortunées, au moyen âge, celle des « Bons-Enfans » était plus particulièrement nécessiteuse.

La pauvreté des « Bons-Enfans » était passée en proverbe !

Quand ils faisaient leur quête, ils chantaient, sans doute, une complainte pour dépeindre leur triste situation.

Le « *Dit des crieries de Paris* », recueil qui remonte au xive siècle, nous a conservé, à cet égard, le refrain suivant :

> « Les Bons-Enfans orrez crier :
> « Du pain. — N'es veuil pas oublier. »

En dehors de ces offrandes et dons, un autre élément de ressources pour les écoliers du moyen âge, — élément qui paraîtrait fort extraordinaire aujourd'hui, — était l'assistance, comme figurants, à certaines cérémonies religieuses et particulièrement aux enterrements. C'était là, sans doute, un vestige de cet antique usage qui existait chez les Romains et chez les Grecs, de faire figurer des groupes de pleureurs et de pleureuses aux convois funéraires. Encore actuellement on rencontre en Espagne, certaines corporations ou confréries chargées de faire cortège dans des conditions analogues.

Parmi quelques pièces très curieuses conservées aux Archives nationales et provenant de l'ancien collège des Bons-Enfans, on trouve un résumé des recettes et dépenses de cet établissement scolaire au xive siècle. On y voit qu'en 1323, époque où ce document a été établi, les revenus du collège découlaient des sources suivantes : 1° fruits des immeubles et rentes possédés par la maison ; 2° taxe annuelle payée par les écoliers : 3° produit des quêtes faites par le collège aux quatre grandes fêtes de l'année : 4° donations, legs et salaires pour les *Bons-Enfans qui assistent à des enterrements.*

Le document dont il s'agit n'indique pas si ces Bons-Enfans qui figuraient aux convois étaient uniquement de pauvres externes, dont la corporation partageait avec le collège le produit des salaires et dons obtenus de cette façon, ou si les boursiers eux-mêmes pouvaient avoir à suivre les enterrements.

Cette dernière hypothèse ne semble pas invraisemblable, car nous verrons Jean Pluyette, dans les fondations de bourses qu'il a instituées par testament, stipuler que les bénéficiaires de ces bourses « ne seront sujets à « quelque chose de service, d'aller quérir en ville au- « cunes nécessitez pour eux ni pour autres. »

En effet, bien que les boursiers fussent en quelque sorte chez eux au collège dont ils faisaient partie, qu'ils vécussent sous le même toit que le Principal et partageassent sa table, ils subissaient forcément les conséquences de l'état de prospérité ou de misère du collège lui-même.

Or, le collège des Bons-Enfans était tombé dans une absolue détresse au début du xve siècle !

De onze boursiers qu'il comptait en l'an 1314 (1), il n'en possédait plus qu'un au moment où Jean Pluyette fut nommé Principal, et encore cet unique boursier ne s'y trouvait admis qu'en vertu d'une fondation qui achevait de devenir caduque.

C'était un peu le sort commun de toutes les institutions scolaires à Paris depuis les dernières et désastreuses années du règne de Charles VI.

Cette période avait été marquée par une décadence

---

(1) Rapport du conseiller de L'Averny, *loc. cit. sup.*

complète de l'Université, de la ville de Paris et du royaume de France.

Mais, vers 1455, quand Jean Pluyette fut investi de la mission de restaurer le prestige et la prospérité de l'antique collège des Bons-Enfans, les choses avaient changé de face.

Charles VII avait reconquis sa capitale et son royaume, une véritable renaissance nationale entraînait le pays tout entier dans un élan superbe. L'Université de Paris s'attachait à reprendre son grand rôle dans le mouvement intellectuel européen. Les écoliers affluaient de nouveau sur la montagne Sainte-Geneviève.

Le premier soin de Jean Pluyette, en prenant possession de son poste de Principal au collège des Bons-Enfans, fut de doter cet établissement des éléments de fonctionnement indispensables. Il n'y existait pas de bibliothèque digne de ce nom. Le nouveau Principal y transporta ses propres livres. Les salles de cours, comme aujourd'hui le prétoire réservé au public dans les salles d'audience de la plupart de nos tribunaux, ne contenaient ni tabourets ni sièges quelconques ; on pourvut à traiter plus humainement les écoliers.

Mais, ce qui atteste le relèvement du vieux collège, sous la direction de Jean Pluyette, c'est la fortune même acquise par celui-ci pendant les 15 années environ que dura son Principalat.

Ceci nous amène à parler du fonctionnement budgétaire assez curieux des Etablissements d'instruction publique au moyen âge. — Dans les quelques documents concernant le collège des Bons-Enfans, qui sont parvenus jusqu'à nous, nous relevons les mentions suivantes :

En l'année 1323, quatorze écoliers fréquentèrent le collège et payèrent la taxe scolaire.

Les recettes totales s'étaient
    élevées à................ 89 lt.   12 s.   2 d p.
Et les dépenses à.......... 82   8   3
    Différence en boni.....   7 lt.   3 s.   11 d p.

Un autre compte dressé en 1336 et relatif à l'année scolaire comprise entre deux Saint-Jean-Baptiste, indique que le collège perçut, pendant cette période, la taxe de 10 anciens élèves plus l'entrée de 5 nouveaux.

Les recettes montèrent à... 91 lt.   16 s.   9 d p.
Les dépenses à............ 103   1   2
    Différence en moins... 11 lt.   18 s.   5 d p.

« Cette dernière somme, » dit M. Vallet de Viriville, « ne constituait pas, d'après l'énoncé du compte, un « déficit proprement dit, mais bien un débit ou dette « entre les mains du comptable, créance garantie par « diverses valeurs en nature que possédait le col- « lège (1). »

Or, qui donc était comptable de cette gestion finan- cière dans un collège de boursiers ? — Légalement, c'était le Principal seul. A qui devait-il rendre des comptes ? — Ici la réponse est plus complexe. Au moyen âge, l'initiative individuelle avait semé à profusion des fondations, des œuvres, des institutions, dont les con- ditions d'existence et de fonctionnement variaient à l'infini suivant les clauses stipulées dans l'acte consti- tutif.

En ce qui concerne la gestion des biens affectés à l'entretien d'une bourse, il n'est pas douteux que le Principal du collège n'eût à rendre des comptes aux boursiers ou aux ayants droit du fondateur. Nous le constaterons plus loin à propos des bourses fondées par Jean Pluyette.

(1) Vallet de Viriville, *loc. cit. supra.*

Au point de vue de la gestion générale de l'œuvre et de la perception des taxes scolaires, comme la nomination du Principal du collège des Bons-Enfans était réservée à l'Évêque de Paris, il semble bien que c'est à ce dernier que le Principal dût rendre ses comptes.

D'un autre côté, c'est vis-à-vis du Trésorier du Roi en la Chambre des Comptes que le Principal était comptable de l'emploi des deniers versés par la cassette royale en exécution de dons ou legs.

Enfin, l'Université avait affirmé de plus en plus, au xve siècle, son droit de contrôle sur tout ce qui regardait l'enseignement public (1).

Dans ces conditions, si en l'an 1336 l'excédent des dépenses sur les recettes ne se traduisait que par une écriture de débet contre un comptable qui avait fourni un cautionnement, on peut supposer qu'en 1455, lorsque Jean Pluyette accepta d'assurer le fonctionnement régulier du collège des Bons-Enfans, le nouveau Principal dut faire son affaire personnelle non seulement de rétribuer les professeurs ou chargés de cours qui venaient enseigner les externes fréquentant le collège, mais encore d'acquitter tous les frais généraux, de maintenir en bon état d'entretien les bâtiments scolaires, et de justifier finalement, au profit de l'Établissement, d'un produit net déterminé dont le montant fut, sans doute, fixé d'un commun accord entre lui et l'Évêque de Paris avec l'agrément de l'Université.

A cette époque, en dehors de la pleine propriété des bâtiments du collège, cet Établissement d'instruction publique ne possédait pour ainsi dire aucun actif ni

---

(1) Crevier, dans son *Histoire de l'Université de Paris*, T. III. p. 311, fait remarquer à propos de la nomination en 1112 d'un grand maître du collège de Navarre, que « si la nomination des places, offices, bourses de ce collège « royal appartenait au confesseur du Roi, l'Université et en particulier la nation « de France ne s'en étaient pas moins arrogé le droit de veiller et tenir la main « à ce que le confesseur, dans ses nominations, se conformât strictement aux « statuts du collège. »

aucune source de revenu fixe. Une seule bourse était encore entretenue, mais allait devenir caduque comme les autres fondations qui n'avaient pas survécu aux siècles précédents.

Jean Pluyette, cependant, n'avait pas hésité à accepter la mission qui lui était offerte. Il pensait, et avec raison, que la grande situation qu'il occupait dans l'Université saurait attirer à lui et amener au Collège qu'il dirigeait cette jeunesse studieuse qui reprenait avec ardeur le chemin des Etablissements scolaires.

Son espérance ne fut pas déçue.

Les 15 années de principalat de Jean Pluyette furent pour le collège des Bons-Enfans des années de prospérité.

Mais, les recettes scolaires comportaient en même temps pour le Principal du collège un émolument personnel des plus considérables.

Cet émolument, joint au produit des charges et bénéfices dont il était investi, permit à Jean Pluyette de se constituer, pendant ces 15 années, au moyen de placements fonciers, une fortune immobilière très importante.

Enfant de laboureur, il avait tout naturellement pour la terre une prédilection marquée.

C'est ainsi qu'il acquit à Fontenay, son village natal, un domaine rural de plus de 24 arpents et qu'il devint en outre propriétaire de champs et métairies au Mesnil-Aubry, à Villeron, Esanville, Atainville, Ecouen, Villiers-le-Bel, Mareil, Marly et autres lieux.

Il ne se borna pas à ces acquisitions rurales.

Des considérations que nous allons exposer l'amenèrent à acheter des maisons et terrains dans Paris, précisément en face du collège des Bons-Enfans.

Une des préoccupations du corps enseignant, à cette époque, était l'insuffisance des bâtiments des collèges, lesquels n'étaient en général, aménagés que pour servir au logement d'un Supérieur ou Principal, d'un Chapelain, de quelques maîtres ès arts et d'un nombre restreint de boursiers, alors qu'il devenait nécessaire d'avoir de nombreuses salles d'études et de conférences où pût se réunir un auditoire d'élèves de plus en plus nombreux.

Une autre question avait trait aux mesures à prendre en faveur de ces externes qui constituaient la majeure partie de la clientèle des collèges. Nous avons dit la difficulté qu'il y avait pour eux à s'assurer le vivre et le couvert. Ils perdaient, en outre, un temps précieux en allées et venues en dehors des heures des cours. On se préoccupait donc d'organiser quelque chose d'analogue à ce que nous appelons l'internat, qui créât une catégorie intermédiaire d'élèves entre le boursier, logé et nourri au collège, et l'externe qui ne faisait que passer dans une salle de cours et dont il était difficile de surveiller les travaux et la conduite. Voici comment, à cette même époque, la question avait été résolue au collège de Navarre et à la suite de quels incidents : « La multitude des élèves non boursiers était si grande, « dit Crevier (1), que le maître des grammairiens « n'ayant pas de quoi les loger dans les bâtiments qui « formaient son collège propre, avait loué ou acheté la « maison voisine et fait ouvrir une porte par laquelle ils « entraient dans son bâtiment, sans passer par la « grande porte du collège. Or, ces étudiants étaient « commensaux des boursiers. Cette affluence fut jugée « nuisible à la bonne discipline. Sans exclure entière- « ment ces étudiants, ou en restreignit le nombre, après « avoir fait fermer la porte des grammairiens ; et, on « défendit l'admission aux repas à tous élèves non logés « dans la maison.

(1) Crevier, *Histoire de l'Université de Paris*, t. V.

« Ces écoliers logés dans la maison sans avoir cepen-
« dant le titre de boursiers répondent à nos pension-
« naires. Ils étaient instruits avec les boursiers et avaient
« les mêmes maîtres à qui ils payaient une modique
« redevance.

« Ainsi, le collège de Navarre était devenu école
« publique, — ce que nous appelons collège de plein
« exercice. — Ce n'était plus une maison faite pour
« loger et nourrir les seuls boursiers..... Ce collège
« est le premier où je vois cette nouvelle forme intro-
« duite. »

Cette organisation ne semblait pas applicable au
collège des Bons-Enfans, lequel n'était ni aménagé ni
assez vaste pour loger de nombreux pensionnaires. Il
n'était pas doté, d'ailleurs, des mêmes ressources budgétaires que le collège de Navarre, et le Principal Jean
Pluyette était trop prudent administrateur pour risquer
une innovation financière de cette importance sans
l'avoir longuement mûrie et étudiée.

Mais Jean Pluyette, pour sauvegarder l'avenir, se
préoccupait de fournir à la maison des Bons-Enfans le
moyen de s'étendre et d'avoir à sa disposition des terrains
et bâtiments qui lui constitueraient, à toute éventualité,
un capital de réserve.

De sa fenêtre, son regard s'était souvent porté sur les
neuf maisons qui faisaient face au collège, de l'autre
côté de la rue Saint-Victor. Ces maisons n'avaient, sans
doute, rien de comparable à nos constructions modernes
à six étages. Elles ne consistaient qu'en maisonnettes ou
pavillons ; mais le terrain qu'elles occupaient présentait
tant en profondeur qu'en façade sur la rue une superficie importante. Elles s'étendaient jusqu'au mur d'enceinte de Philippe-Auguste. — Au delà des remparts et
des fossés, dans le prolongement *extra muros* de la rue
Saint-Victor se trouvait, à la suite des Bons-Enfans, un

grand terrain, pour partie en nature de verger et de vignoble et pour partie en culture maraîchère.

Jean Pluyette acheta de ses deniers personnels les neuf maisons et le grand jardin.

Nous avons pu retrouver aux Archives nationales, dans la section se référant aux anciens domaines ecclésiastiques (S. 6373, 6374, 6376 et 6851), les titres des acquisitions faites par Jean Pluyette.

Ces acquisitions se sont poursuivies pendant une période de plus de dix années. Elles accusent ainsi l'énergique persévérance avec laquelle le Principal du collège des Bons-Enfans s'attachait à son programme, consistant à pouvoir doter un jour cet établissement scolaire des agrandissements de bâtiments et des extensions de domaine qu'il jugeait indispensables (1).

C'est le 23 mai 1456 que se place la première acquisition, réalisée sous forme de bail avec promesse de vente. Elle portait sur une maison sise rue des Murs (2). Quelques mois après (29 décembre 1456), Jean Pluyette acquérait la maison « du Coq », immeuble d'une certaine importance « faisant le coin d'orient de la rue des Murs et de la rue Saint-Victor ».

Le 14 avril 1457, il achetait une maison « à deux pignons » sise rue des Murs, en face du collège d'Arras ; et, le 1er août 1459, deux autres maisons faisant l'angle

(1) C'est ce que rappelait, quatre-vingt-dix ans après, un arrière-neveu de Jean Pluyette, Nicole Pluyette, Principal, à son tour, du collège des Bons-Enfans, dans un acte en date du 16 décembre 1550 contenant déclaration, au point de vue fiscal, des maisons, héritages, revenus et temporel du collège. Au sujet des maisons achetées par Jean Pluyette et léguées par lui, l'acte de déclaration s'exprime ainsi : « ..... les dites maisons par feu Jehan Pluyette données, luy « considérant lors que ledit collège n'était que une place contenant ung quartier « de terre auquel étaient seulement édiffiée une petite chapelle et quelques édi- « fices non commodes pour recevoir et loger tous les escoliers désirant « apprendre et estudier ès bonnes lettres audit collège, la plupart desquels, « pour ledit petit lieu, sont demourans ès dites maisons ès quelles lesdits « Principal et boursiers sont tenus de les mettre et loger, pour le petit estroit « lieu qu'ils ont audit collège, desquelles maisons ne reçoivent aucune cause de « louage pour les causes susdites. » (Archives nationales, S. 6850.)

(2) V. (p. 30, 54, 71) les plans de Lenoir, de Mathieu Mérian et de Jaillot.

de la rue de Versailles et de la rue Saint-Victor « devant le collège du Cardinal Lemoine ».

Le 28 décembre 1460, il réalisait l'achat de la maison de « La Cage », contiguë aux précédentes, ayant sa façade rue Saint-Victor et aboutissant par derrière au collège d'Arras. Le 4 juillet 1461, il complétait cette acquisition en achetant les dépendances de la maison de « La Cage », rue Saint-Victor.

Le 7 janvier 1467, il échangeait un bien rural contre la moitié d'une maison d'angle, sise rue des Murs ; et, le 16 mai 1469, il parvenait à acheter l'autre moitié dudit immeuble « moyennant dix écus d'or du coing du Roy ».

Dans l'intervalle, le 27 mars 1459, Jean Pluyette était devenu acquéreur d'un grand terrain en nature de jardin, situé dans l'axe du collège des Bons-Enfants, mais par delà l'enceinte de Philippe-Auguste, ledit terrain « assis le long du fossé Saint-Victor ».

Ces acquisitions étaient réalisées, en général, moyennant la prise en charge, par l'acheteur, des rentes foncières grevant les immeubles, sans préjudice, parfois, du paiement d'une soulte payée comptant. Jean Pluyette se préoccupa de racheter, autant que cela lui fut possible, les rentes foncières dont il s'agit. Cette circonstance nous permet de constater que le taux de capitalisation n'en était pas uniforme. C'est ainsi qu'un acte du 17 septembre 1463 énonce le rachat d'une rente de 6 l. t. moyennant un capital de 106 l. t. ; et, qu'une sentence du Châtelet en date du 12 mars 1467 fixe à 400 l. t. le capital que devait payer Jean Pluyette pour rachat d'une rente de 12 l. t. dont étaient grevées, au profit du collège de la Marche, les deux maisons sises à l'angle de la rue de Versailles et de la rue Saint-Victor.

En tant qu'opérations immobilières, lesdites acquisitions auraient pu être, sinon pour Jean Pluyette du moins pour ses arrière-neveux, un placement des plus fructueux. Ces terrains et bâtiments estimés seulement 740 livres parisis, à sa mort, — ce qui indique l'énorme dépréciation qu'avait subie la propriété foncière à Paris dans la première moitié du xve siècle, — auraient, aujourd'hui, une valeur vénale de plus de deux millions de francs !

Ce n'étaient point cependant des pensées de lucre ou de spéculation qui guidaient Jean Pluyette lorsqu'il procédait, dans d'excellentes conditions, du reste, à ces importantes acquisitions immobilières. Son cher collège des Bons-Enfans, au relèvement duquel il avait consacré près de quinze années de sa vie, était devenu son œuvre de prédilection. Il voulut associer à cette œuvre sa propre famille. Il ne séparait pas l'une de l'autre dans ses préoccupations et sa sollicitude.

Lorsque, sans doute vers 1474, l'âge et les fatigues lui firent résigner sa charge de Principal du collège des Bons-Enfans, il obtint que ce poste fut dévolu à son neveu, Nicolas Pluyette, prêtre et maître ès arts, comme lui. Il s'assurait ainsi un continuateur fidèle de ses traditions et de son programme.

Enfin, les 5, 6 et 7 septembre 1478, se sentant près de mourir, il institua, par testament authentique, une série de fondations qui sont, en quelque sorte, le couronnement d'une vie si dignement remplie.

§ II

Les Fondations de Jean Pluyette.

Le testament de J. Pluyette, reçu par MM^{es} Pinot et Belin, notaires du Roi au Châtelet de Paris, et dont une expédition est déposée aux Archives nationales (1), est une œuvre remarquable par l'élévation des pensées qui

(1) M. 106.

y sont exprimées, la simplicité de la forme, la sagesse des dispositions qu'il renferme, et le règlement minutieux des détails.

Le testament débute par cette pensée philosophique et chrétienne : que si la Providence daigne mettre des biens temporels en nos mains, nous en sommes comptables vis-à-vis d'elle et avons charge d'en faire le meilleur usage.

Puis, après avoir institué un certain nombre de legs pieux, sur lesquels nous reviendrons tout à l'heure en étudiant la vie de Jean Pluyette comme prêtre, le testateur aborde l'importante fondation qu'il va faire au collège des Bons-Enfans.

« *Considérant*, dit-il, *que c'est belle chose de faire* « *apprendre enfans à l'école...* » C'est par ce préambule si simple et qui, dans la forme pittoresque de notre langue française du xve siècle, résume avec avantage bien des paraphrases modernes sur la nécessité de l'instruction, que Jean Pluyette prélude à la donation testamentaire de la majeure partie de sa fortune immobilière en faveur de l'établissement qu'il dirigeait.

« Jean Pluyette, dit M. Vallet de Viriville (1), « avait pu, mieux que personne, apprécier à sa juste « valeur le bienfait de l'instruction. Né dans une « humble condition, il reçut la culture intellectuelle, « véritable ennoblissement de l'homme, et en recueillit « la considération, les honneurs, la richesse. — Il ré- « solut de perpétuer pour d'autres, dans l'avenir, « et les facilités qui leur permissent d'avoir accès, à « l'aide leur tour, à ce même bienfait de l'instruction. »

En se reportant ses à souvenirs d'enfance, il se rappelait combien épris de « sçavoir » étaient souvent ces fils de laboureurs de l'Ile-de-France, mais combien pour

---

(1) Vallet de Viriville, *loc. cit., supra.*

eux, plus encore que pour les enfants appartenant à des familles parisiennes, les difficultés matérielles étaient nombreuses.

C'est vers eux naturellement que se porta sa sollicitude.

En fondant, ainsi qu'on va le voir, deux bourses perpétuelles au collège des Bons-Enfans, Jean Pluyette instituait comme bénéficiaires de cette fondation tout d'abord ceux de sa propre famille « qui soient du « surnom de Pluyette ou de sa parenté ». Mais, il stipulait que, s'il advenait que « la lignée fût faillie », ou que les boursiers présentés ne fussent pas reconnus capables et idoines, les bourses fussent alors occupées par deux enfants pris dans les villages de Mesnil-Aubry et de Fontenay-en-France, si « tant il s'en trouve » ou de l'un seulement desdits villages. — Le testateur ajoutait que : « Si en temps à venir n'estait trouvé de ses parents et « lignages, ou des autres enfants desdits deux villages, « il veut qu'il en soit pris d'autres lieux en la France (1), « qui soient présentés, comme dit sera ci-après, *afin* « *que les bourses ne soient vuides.* »

Après avoir ainsi désigné les bénéficiaires de sa fondation, Jean Pluyette indique, au point de vue de la scolarité, les conditions de fonctionnement de ces bourses, non seulement dans l'intérêt bien entendu des boursiers eux-mêmes, mais encore dans l'intérêt du collège des Bons-Enfants pour lequel le testateur entrevoyait la possibilité de recruter ainsi un personnel enseignant tout dévoué.

Jean Pluyette, en effet, avait toujours considéré la mission de l'instituteur comme une des plus belles ici-bas.

Voici donc comment il règle tous ces points dans son testament :

(1) C'est-à-dire : « en Ile-de-France ».

« Veut et ordonne que ceux dudit collège des Bons-
« Enfans tiennent et nourrissent dorénavant et à tou-
« jours deux jeunes enfans en icelui collège comme
« boursiers... lesquels soient *introduits en sciences et*
« *bien morigénés*. Auquel cas, s'ils sont assez capables,
« veut et prie au maître qui leur sera, qu'il les fasse
« *régenter* (1), sans qu'ils n'occupent plus ladite bourse,
« et s'ils ne sont assez capables, que, après qu'ils sau-
« ront lire et écrire *grosso modo*, ils soient renvoyés et
« en soient pris d'autres. »

Mais, comment et par qui devaient être présentés les
candidats aux bourses ainsi fondées ?

Qui pouvait décider, après des années écoulées, si
les postulants étaient ou non de la parenté de Jean
Pluyette ?

Qui devait apprécier les qualités d'identité pouvant
faire préférer tel candidat à tel autre ?

Qui pouvait être appelé à surveiller l'exécution du
testament, alors qu'il s'agissait, dans la pensée du
testateur, d'une œuvre destinée à se perpétuer pendant
des siècles ?

— Tous ces points sont réglés d'une façon très sage
dans le testament de Jean Pluyette.

En ce qui concerne la régularisation immédiate de la
fondation, les exécuteurs testamentaires désignés sont :
Nicolas Pluyette, maître ès arts, bachelier en théologie,
neveu du testateur, lequel lui avait succédé en la charge
de Principal du collège des Bons-Enfans ; Laurent Leblanc, Procureur au Châtelet, son parent par alliance ;
et, Thomas Parens, Procureur en la Chambre des
Comptes. Le testateur désigne également lui-même, par
dérogation transitoire au système de présentations qu'il
va instituer, les premiers bénéficiaires des deux bourses.

______

(1) C'est-à-dire : « *professer* ».

Ce sont : Claude Pluyette, son neveu, et Jean Le Flamand « son cousin et filleul, fils du défunt Jehan Le Flamand, orfèvre ».

Mais, pour assurer l'exact fonctionnement, à travers les siècles, des bourses qu'il venait de fonder, il était nécessaire d'établir sur d'autres bases la délégation du mandat de contrôleur à l'exécution du testament.

Ce mandat, Jean Pluyette le confère conjointement et à perpétuité aux Conseils des marguilliers des paroisses de Mesnil-Aubry et de Fontenay.

Le Conseil ou Collège des marguilliers avait, en effet, une personnalité civile se perpétuant avec le renouvellement des membres qui le composaient. Il constituait une personne morale non appelée à disparaître et à qui pouvaient être confiés le contrôle et le maintien d'une fondation présentant elle-même un caractère de perennité.

A cette époque, d'ailleurs, où la vie locale se résumait dans la vie paroissiale, les marguilliers, pris parmi les familles du pays les plus anciennes et les plus considérées, se trouvaient mieux qualifiés que personne pour désigner les enfants, du nom de Pluyette, aptes à être présentés aux bourses, d'après leur degré de parenté avec le testateur, leur situation de fortune et les dispositions intellectuelles qu'ils avaient manifestées (1).

(1) L'institution des Conseils de Fabrique, très démocratique dans son essence, remonte à l'organisation même de l'église rurale en France. Elle avait pour effet d'associer étroitement les paroissiens à la mission du curé de campagne. Les marguilliers n'étaient pas seulement appelés à établir, discuter et contrôler le budget de la paroisse. Ils avaient encore, en maintes circonstances, la surveillance et la direction d'intérêts matériels et moraux.

« Les attributions des Fabriques, dit M. Prévost (*l'Eglise et les campagnes au moyen âge*, p. 82), ne se bornaient pas toujours à l'administration du temporel de l'église ; il arrivait encore qu'en vertu de dispositions prises par les fondateurs, ou pour d'autres raisons, fabriciens, marguilliers ou *gagers* étaient investis du pouvoir de nommer les administrateurs des hospices et aumôneries..... Ils remplissaient déjà les fonctions des Bureaux de bienfaisance. »

Le testament de Jean Pluyette leur confiait, en ce qui concerne les bourses scolaires qu'il fondait, une mission assez analogue. Ce document vient jeter ainsi un nouveau jour sur le fonctionnement et le rôle très intéressants de ce rouage administratif de l'ancienne France.

La *collation* des bourses appartenait à l'évêque de
Paris, d'après les statuts même du collège des Bons-
Enfans ; mais, le testament stipule que cette nomination ne pourra avoir lieu *que sur la présentation
des candidats par les marguilliers de Fontenay et
de Mesnil-Aubry*.

Pour prévenir toute entrave possible à ce droit de
présentation ainsi que pour assurer l'exacte application
de toutes les clauses du testament, Jean Pluyette armait
ses premiers exécuteurs testamentaires et ensuite les
marguilliers de Mesnil-Aubry et de Fontenay de pouvoirs
spéciaux et notamment du droit de faire prononcer la
résolution des legs en cas d'inexécution des charges.

Voici, du reste, sur tous ces points, la rédaction
même du testament :

« ... Et pour entretenir ce qui dit est et qu'il n'y ait
« faute tant à la nourriture desdits enfants qu'en leurs
« mœurs, sciences, écolages et logis, il veut que les mar-
« guilliers desdites paroisses de Mesnil-Aubry et de
« Fontenay en aient cure et sollicitude, ou l'un d'eux
« qui pourra contraindre ceux dudit collège à entretenir
« ce qui dit est ; et ce, même par la *caption* des héritages
« donnés audit collège pour faire les choses dessus dites,
« et par toutes autres voies et manières dues et raison-
« nables... Et les charge, en leur conscience, de pré-
« senter ceux qu'ils verront et leur sembleront être plus
« adonnés à acquérir sciences... »

Enfin, pour écarter, si possible, et régler d'avance
tout désaccord éventuel entre l'évêque de Paris et les
marguillers de Mesnil-Aubry et de Fontenay, le testament contient encore la disposition suivante :

« Si Monseigneur de Paris ou ses vicaires voulaient
« empêcher ledit droit de présentation auxdits mar-
« guillers ou Confrères audit collège — ce qu'il ne croit
« pas, — et qu'Il voulût prétendre à Lui ledit droit,

4

« veut que lesdits marguilliers le soutiennent, et qu'il en
« soit discuté, s'il est possible, sommairement, par gens
« clercs, sans figure de procès. »

Ces questions se trouvant ainsi réglées, le testament
de Jean Pluyette détermine minutieusement les conditions de logement, de nourriture et de vie matérielle des
boursiers au collège des Bons-Enfans.

Ces détails mettent, une fois de plus, en lumière la
situation très particulière de ces écoliers qui se trouvaient, en réalité, *chez eux* au collège dont ils étaient
boursiers, et devaient être nourris comme le Principal
ou Maître.

« ... Lesdits boursiers seront nourris, logés et entre-
« tenus suffisamment, comme il appartient à enfans de
« bon lieu. Et, les nourrira ledit collège, comme le
« Maître est nourri, de tel pain, vin et viande. »

Sur l'excédent des revenus nets des immeubles et
autres biens qu'il lègue au collège des Bons-Enfans,
Jean Pluyette stipule, en outre, qu'on remettra aux
boursiers de quoi les aider à avoir « des souliers, de la
« bûche et de la chandelle ».

Il stipule également que les boursiers « seront logés
« où il y ait cheminée, en chambre bien aérée et non
« sur Bièvre ».

Ces détails assez curieux nous montrent que ce n'est
pas d'aujourd'hui que l'on se préoccupe du cube d'air
et de la ventilation des locaux d'habitation. — Quant à
la petite rivière de la Bièvre, elle dégageait, dès cette
époque, des miasmes putrides, les eaux se trouvant
contaminées par l'existence d'établissements insalubres :
peausseries, boyauderies, etc... Il en est encore ainsi
maintenant. Depuis plus de 400 ans, les mêmes causes
d'insalubrité subsistent, et l'administration vient seulement de mettre à l'étude un projet de couverture complète de ce cours d'eau transformé, de fait, en égout

collecteur. — La solution de cette question d'édilité ne pourra donc être taxée de trop hâtive !

Nous relevons, enfin, dans le testament, cette dernière prescription, que les boursiers « ne seront sujets « à quelque chose de service, d'aller quérir en ville « aucunes nécessitez pour eux ni pour autres. »

Jean Pluyette faisait ainsi allusion non seulement à la coutume dont nous avons parlé et qui subsistait dans certains collèges, d'envoyer les écoliers faire cortège, comme figurants salariés, dans les convois et enterrements, mais encore à ces quêtes sur la voie publique, auxquelles avaient dû recourir jadis les Bons-Enfans, et même à certains services de domesticité auxquels se soumettaient parfois les écoliers pauvres.

Ces pratiques ne paraissaient plus, du reste, avoir désormais de raison d'être, l'avenir du collège allant se trouver assuré grâce au legs magnifique qu'il faisait à cet établissement.

Ce legs comprenait :

1° Les 9 maisons situées, rue Saint-Victor, en face du collège ;

2° Le grand terrain, en nature de jardin, sis *extra muros* dans le prolongement de la rue Saint-Victor ;

3° Une rente perpétuelle, consistant en 4 septiers de blé, grevant un immeuble rural situé à Mesnil-Aubry ;

4° Tous les livres dont Jean Pluyette avait fourni la bibliothèque du collège des Bons-Enfans.

Citons encore, à cet égard, les termes mêmes du testament :

« ... Et pour tout ce qui est, faire, entretenir et « accomplir, ledit testateur donna et laissa, donne et « laisse, pour être appliqué à l'usage desdites bourses « d'iceux enfans, toutes les maisons à lui appartenant « de son conquêt, assises devant ledit collège, en ladite « rue Saint-Victor, chargées des charges qu'elles doivent

« par chacun an et comme il appert par les titres,
« ensemble tous les droits de propriété, nom, raisons,
« actions et autres droits quelconques qu'il a et peut
« avoir en icelles maisons et sur quelconques et autres
« personnes et biens que ce soit à cause de ce ; avec un
« jardin hors Paris, devant les fossés Saint-Victor,
« chargé de 6 sols parisis de rente par an envers ladite
« église Saint-Victor ; ensemble 4 septiers de bled
« froment de rente annuelle et perpétuelle qu'il a droit
« de prendre et percevoir par chacun an sur Gilles Le
« Duc, laboureur, demeurant audit lieu de Mesnil-Aubry
« et pris sur le lieu, mesure de Paris (1) ; *item* leur
« donne encore les livres tant de grammaire, des arts,
« de poésie, que autres étant à présent audit collège,
« une partie en la chambre où est l'horloge, et l'autre
« partie, de théologie, en une petite étude en la salle
« haute. »

Par suite des plus-values progressives acquises par la propriété immobilière à Paris, la fondation Pluyette se trouvait, au moment de la Révolution, figurer parmi les plus importantes de l'Université de Paris.

Mais, avant d'étudier ce qui advint, à travers les âges, des boursiers Pluyette et du collège des Bons-Enfans, il convient pour compléter les détails biographiques concernant Jean Pluyette et fixer la physionomie de ce personnage, de dire quelques mots de sa carrière ecclésiastique.

(1) Le septier de blé, mesure de Paris, représentait 156 litres.

L'ÉGLISE ACTUELLE DE MESNIL-AUBRY

Il ne subsiste plus de l'ancienne église du xv⁰ siècle qu'une partie
du chœur et du bas côté de droite,
avec quelques beaux vitraux.
C'est dans le bas côté de droite que se trouvent les sépultures
du xv⁰ siècle.

CHAPITRE IV

Jean Pluyette, curé de Mesnil-Aubry et de la paroisse de Saint-Germain-le-Vieux, en la Cité. — Ses fondations pieuses. — Sa sépulture en l'église de Mesnil-Aubry.

Nous avons vu que Jean Pluyette, après avoir conquis les grades universitaires de maître ès-arts et de bachelier en théologie, avait été ordonné prêtre. Nous le retrouvons, en 1441, associé comme théologien à la compagnie des maîtres, dans le collège royal de Navarre. Plus tard, il était nommé chapelain de la nation de France (1449) et chapelain de Savoisy (1463).

Mais, en septembre 1450, il n'était encore pourvu d'aucune charge ecclésiastique, puisqu'à cette date les lettres patentes par lesquelles Charles VII le nommait proviseur de Navarre, qualifient Jean Pluyette de prêtre et bachelier en théologie.

C'est quelques années après, vers 1454, que Jean Pluyette sollicita et obtint la cure de Mesnil-Aubry.

Ce terroir de l'Ile-de-France, où il avait vécu ses premières années, l'attirait. Tous les ans il revenait au milieu des siens. Comme lui, un de ses frères était entré dans les ordres, et l'un de ses neveux, prêtre aussi, avait conquis ses grades universitaires pour suivre également la carrière de l'enseignement.

On comprend que Jean Pluyette fût heureux d'exercer le sacerdoce dans son pays natal, au milieu de ses parents, de ses amis, de ses souvenirs d'enfance.

Mais, à peine installé, le nouveau curé de Mesnil-Aubry dut quitter sa paroisse pour revenir à Paris où l'on venait de lui confier le principalat du collège des Bons-Enfans.

En conformité d'errements alors suivis, il avait pu se faire remplacer, dans l'exercice effectif de ses fonctions de pasteur, par un vicaire ou coadjuteur, et il ne venait visiter sa cure qu'au moment des vacances scolaires ou à quelques grandes fêtes de l'année.

Il n'est pas douteux que Jean Pluyette n'ait, de fait, résidé presque constamment à Paris, au collège des Bons-Enfans. Lui-même, dans un legs fait à la fabrique de Mesnil-Aubry, rappelle qu'il avait dû prêter aux marguilliers de cette paroisse certains objets du culte dont ils avaient eu besoin pour assurer la célébration des offices religieux.

En 1475, Jean Pluyette avait résigné entre les mains de Louis de Beaumont, évêque de Paris, sa charge de Principal du collège des Bons-Enfans. Il se démit également, le 8 juin 1475, de la cure de Mesnil-Aubry où son âge ne lui permettait probablement plus de se rendre assez assidûment. — On lui maintint, du reste, le titre de curé honoraire de Mesnil-Aubry, comme il conserva, jusqu'à sa mort, le titre de Principal du collège des Bons-Enfans.

En outre, pour reconnaître ses services, on le nomma à la cure de Saint-Germain-le-Vieux, paroisse de la Cité qui était un des bénéfices dont la collation appartenait à l'Université.

De peu d'étendue et d'une administration facile, cette paroisse pouvait être assignée à des prêtres âgés pour leur permettre d'y terminer doucement les dernières années de leur sacerdoce.

L'église Saint-Germain-le-Vieux, l'une des plus anciennes de Paris, avait été érigée au vie siècle comme baptistère. C'était l'une des *quatre filles de Notre-Dame.*

PARIS EN 1615

Extrait du plan de Mathieu Mérian intitulé :

LE PLAN DE LA VILLE, CITÉ, UNIVERSITÉ ET FAUBOURGS DE PARIS

Jean Pluyette acheta, près de cette église (1), un immeuble dont il fit sa résidence personnelle (2) et qui ren-
fermait une petite chapelle « bien décorée et ornée ».

C'est là que, le 16 septembre 1478, l'ancien Principal
du collège des Bons-Enfans termina pieusement une vie
entièrement consacrée au labeur intellectuel.

En dehors de ces faits et de ces dates, est-il possible
de dégager davantage la physionomie intéressante de
Jean Pluyette ?

Au XVe siècle, on ne songeait guère à écrire ses mémoires pour informer la postérité de ses faits et gestes
et de son état d'âme. Mais, à défaut d'autobiographie,
nous rencontrons ici des documents qui achèvent de
nous faire connaître ce qu'était ce fils de laboureur devenu Recteur de l'Université de Paris.

Le testament qu'il a dicté, en pleine possession de ses
facultés, dix jours avant sa mort, est un premier document qui nous atteste et nous dépeint l'élévation de ses
sentiments en même temps que la sincérité de sa foi religieuse.

Il avait toujours été un chrétien convaincu et fervent.
Les lettres patentes qui le nommaient aux fonctions de
proviseur de Navarre rappelaient ses mérites et sa piété :
« *Pietatis et meritorum suorum intuitu.* »

Ni la richesse ni les honneurs n'avaient changé la simplicité de sa vie. Il ne se considérait que comme un
simple intendant de la Providence quant à l'administration et à l'usage de ces biens temporels qu'il avait pu
conquérir par son intelligence et son travail.

En dehors de ce qu'il laissa à sa famille dans sa succession, il consacra la majeure partie de sa fortune à la
fondation des bourses du collège des Bons-Enfans ou
en œuvres pieuses.

(1) La dite église était située dans la Cité, rue du Marché-Neuf. Le plan de Mathieu Mérian dont nous donnons ci-contre un extrait, en reproduit la silhouette.
(2) V. M. Vallet de Viriville, *loc. cit.* et les documents auxquels il se réfère.

Désireux d'assurer à lui et aux siens les prières de l'Eglise, il avait déjà, le 12 avril 1446, fondé par acte authentique, moyennant le don de vingt-quatre arpents de terre, une messe basse à perpétuité en l'église de Saint-Aquilin, à Fontenay, son village natal (1).

Les mêmes pensées et préoccupations se retrouvent dans son testament. « Ne voulant, dit-il, décéder intestat « de ce présent siècle, mais des biens temporels que « Nostre Seigneur Jésus, de sa grâce, lui a donnés et « prêtés en iceluy, ordonne et dispose par forme testa- « mentaire et ordonnance de dernière volonté, en la « forme et manière qui s'ensuit :

« Premièrement, lui, comme bon et vrai catholique, a « recommandé et recommande son âme, quand elle se « partira de son corps, à Dieu notre Créateur... »

Vient ensuite un legs fait à la fabrique de Mesnil-Aubry, et consistant : 1° en de nombreuses terres sises dans les « terrouers » d'Ecouen, Atainville, Ezanville, Le Mesnil-Aubry, Villeron, Villiers, Marly-la-Ville ; 2° en une rente foncière de 60 sols parisis qu'il avait « ac-quise des Quinze-Vingts de Paris » ; 3° en divers objets lui appartenant et destinés au culte, ainsi décrits dans le testament : « ... ung messel à l'usage de Paris, enlu- « miné, couvert d'une couverture de veloux, fermant à « fermouër à façon d'argent ; ung petit calice que il « presta aux dits margliers, quand le leur fut perdu ;

(1) Une inscription lapidaire, dans le chœur de l'église de Fontenay, rappelle cette fondation.

Cette inscription subsiste encore. En voici le texte :
« Messire Jean Pluyette, vivant bachelier en théologie, maître du collège des « Bons-Enfans proche la Porte Saint-Victor à Paris et curé de Mesnil-Aubry, a « laissé 24 arpents de terre labourable à la Fabrique, à la charge que les mar- « guilliers feront dire tous les vendredis de l'année, à perpétuité, à l'autel de « Saint-Nicolas, une messe basse de la Sainte-Croix, à la fin de laquelle le « prebstre doit faire l'aspersion de l'eau bénite sur le peuple. »
L'inscription relate ensuite les fondations au collège des Bons-Enfans de « deux bourses pour deux jeunes enfants de ses parents du surnom de Pluyette « et en cas que sa lignée fût fayllie pour deux enfants des paroisses de Fonte- « nay et du Mesnil-Aubry. Les marguilliers de ces deux paroisses ayant droit « de nommer aux dites bourses et Monseigneur l'archevêque de Paris de donner » les provisions à ceux qui auront été nommez par les marguilliers. »

« deux petits pots d'argent à mettre vin et eau, une paix
« double, partie d'argent ; ung corraulx ; ung estuy et
« patène ; une chazuble de soys de diverses couleurs ;
« une autre blanche ; ung amyt ; une estole et ung fa-
« non — des meilleurs qui sont en ung coffre estant en la
« petite chapelle de l'ostel dudit Pluïette où il met ses
« ornements ; — et une sainture ad ce pertinent ; ... pour
« servir en ladite église ès jours solennez..... »

Moyennant ce legs, le testateur fondait en l'église de
Mesnil-Aubry, « une messe de Notre-Dame en la
« chapelle Sainte-Anne, le samedi. » Cette messe
devait se célébrer à perpétuité « afin que ledit Pluiette,
« ses parents, ses amis et ses bienfaiteurs feussent et
« soyent participans ès prières, oraisons et bienfaitz de
« ladite église. »

Jean Pluyette spécifiait d'ailleurs minutieusement
toutes les conditions de cette fondation, depuis les ho-
noraires du célébrant « le curé aura pour chaque messe
2 sols parisis » jusqu'à la sonnerie de l'office « la messe
« sera tintée à 30 coups de la grosse cloche, à trois
« pauses. »

Le même soin des détails avait été relevé plus haut à
propos de la fondation faite au collège des Bons-Enfans
où le testateur avait tenu à indiquer que les boursiers
devaient être logés « en chambre ayant cheminée, bien
« aérée et non sur Bièvre. »

On voit donc que Jean Pluyette possédait un esprit
éminemment méthodique et précis ; que la conception
des grandes lignes ne lui faisait pas perdre de vue l'exécution des détails et qu'il ne réglait rien par à peu près.
C'étaient là des qualités précieuses d'administrateur qui
l'avaient fait désigner pour les postes importants qu'il
avait remplis avec distinction.

Comme condition du legs fait à la fabrique de Mesnil-
Aubry, Jean Pluyette stipulait également qu'il serait inhu-

mé dans l'église et qu'un service annuel avec *De profundis* serait célébré pour le repos de son âme et pour les défunts de sa famille, le curé devant recevoir pour ce, « 24 sols parisis par an ».

Les marguilliers avaient charge de faire inscrire ladite fondation « en livre et martirologe de la fabrique ».

C'est en quelques lignes seulement que le testateur traitait de sa sépulture et de l'endroit où il désirait être inhumé : « ledit Jean aura sa sépulture au long du « maistre-ostel à l'endroit où le prebstre fait son la- « vabo. »

Or, quand on remarque qu'en cette même église de Mesnil-Aubry, avait été placée, dans un endroit apparent de la nef, du vivant même de Jean Pluyette, une large dalle tumulaire, intaillée avec art, en mémoire de Blanche de Popincourt, suzeraine du lieu, l'épouse du Français renégat, Simon Morhier (1), on ne peut s'empêcher de constater combien était détaché des vanités humaines ce Jean Pluyette qui, malgré les hautes dignités dont il avait été revêtu, demandait à être inhumé loin des regards de la foule, au long de l'autel.

Jean Pluyette avait trop d'humilité chrétienne pour se prêter à des manifestations posthumes.

C'est aux seules prières de l'Eglise qu'il aspirait.

En stipulant qu'il serait inhumé au pied du maître-autel, à l'endroit où le célébrant se transportait pour les

---

(1) Blanche de Popincourt mourut au Mesnil-Aubry, dont elle était la Dame, le 10 décembre 1422. Elle avait eu de son mariage avec Simon Morhier deux enfants qui étaient décédés avant elle. Ses biens passèrent à ses héritiers naturels qui vendirent la seigneurie du Mesnil-Aubry à Simon Morhier lequel garda cette terre jusque vers 1437. Depuis le 1er décembre 1422, Simon Morhier qui s'était attaché de bonne heure au parti bourguignon avait été institué Prévot de Paris pour le roi d'Angleterre Henri VI et il avait, en cette qualité, prêté serment au roi anglais, entre les mains du Régent, duc de Bedfort. (*Histoire de Chartres*, t. II, p. 76. — *Journal de Paris*. — *Mémoires de Bourgogne*, t. I, p. 91. — Félibien, t. IV, p. 589)

On ne peut douter que ce fût lui qui fit ériger à sa femme la sépulture qui subsiste encore, quoique gravement endommagée, et se trouve actuellement dans le collatéral droit de l'église. (Extrait d'une note communiquée par M. l'abbé Coste, curé de Mesnil-Aubry.)

ablutions et où son regard s'abaisserait nécessairement alors sur la pierre funéraire, il semblait au testateur qu'il s'assurait ainsi une pensée et une prière au moment du Saint Sacrifice.

Ses paroissiens, ses parents et ses amis prirent soin, du moins, de faire intailler, sur cette pierre tombale, l'effigie de leur ancien pasteur.

Il ne reste aujourd'hui de cette dalle funéraire que quelques fragments encastrés dans le pavé de l'église. Mais, en 1765, un arrière-neveu de Jean Pluyette, Antoine Le Flamand, avocat au Parlement de Paris, en avait fait dessiner une reproduction fidèle qui fut gravée par P.-H. Ransonnette.

Deux épreuves de cette estampe existent aux archives nationales et portent l'intitulé suivant : « Copie figurée « de la tombe de Jean Pluyette, mort en 1478, laquelle « est dans la grande nef de l'église de Mesnil-Aubry en « France, levée sur les lieux par les soins d'Antoine « Le Flamand, son arrière-neveu et cousin, en 1765. »

L'estampe de Ransonnette est un simple trait, ainsi que cela devait être, puisqu'il s'agissait d'une pierre plate et intaillée. Les fentes ou cassures qui, à cette époque, divisaient la pierre en six morceaux distincts, mais sans lacune et juxtaposés, sont fidèlement reproduits dans cette gravure et attestent le soin consciencieux que l'artiste avait apporté dans son travail de reproduction.

Ces cassures s'étaient, sans doute, produites au moment où la tombe de Jean Pluyette avait été déplacée, lors de la reconstruction de l'église de Mesnil-Aubry en 1582. — A cette époque, la sépulture avait été transférée du sanctuaire dans la nef. C'est là qu'elle se trouvait lorsqu'Antoine Le Flamand en fit reproduire sur estampe le fac-similé. Dix ans auparavant, l'abbé Lebeuf, dans son *Histoire du Diocèse de Paris*, t. V, p. 387, édition de 1755, avait également constaté que la sépulture avait été transportée dans la nef... « Dans la nef est la « tombe de Jean Pluyette, curé de ce lieu... Il est repré- « senté en chasuble, le calice entre les mains, suivant « l'ancien usage observé dans l'exposition des prêtres ».

Cette pierre tombale, dont l'estampe de Ransonnette nous a laissé la reproduction exacte, constitue donc un document des plus intéressants pour l'étude que nous poursuivons. L'effigie qui s'y trouve a la valeur d'un véritable portrait.

Sous ses vêtements sacerdotaux, Jean Pluyette appa- raît comme ayant la haute et forte stature des solides paysans de la Brie ; les traits sont réguliers et toute la physionomie respire l'équilibre des pensées ; le front large et puissant est bien celui d'un penseur et d'un érudit.

Autour de l'effigie, en encadrement de la pierre tom- bale, se lisait l'inscription suivante, dont quelques mots, en partie effacés au moment où Ransonnette gravait son estampe, peuvent cependant être facilement reconsti- tués :

« Cy gist honorable (1) et discrette per-
« sonne maistre Jehan Pluyette, en son vivant
« curé de céans et maistre du collège des Bons-
« Enfans, en la rue Saint-Victor à Paris, qui
« trespassa l'an MCCCCLXXVIII, le XVIe jour
« de septembre. Dieu ait l'âme de luy. *Amen.* »

L'étude des dessins et ornementation de cette dalle funéraire permet encore de constater que sur les disques répétés aux angles de la pierre, sur la chasuble, l'étole, le manipule, et sur un écusson au bas de l'aube de Jean Pluyette — écusson qui, d'après M. Vallet de Viriville,

(1) Ou « Vénérable ».

Copie figurée de la Tombe de Jean
Pierre ... Mort en 15.8 ... Laquelle est dans la
Grande Nef de l'Eglise ... du Mesnil Aubry en
France levée sur les lieux par L... ... d'Artois
Le Flamand son arrière Neveu ...

ne serait que le parement carré ou *orfroi* dont était décorée, au xv° siècle, l'aube des Bénéficiaires et Prélats — l'auteur du monument a jeté un semis de quintefeuilles ou « *ne m'oubliez mye* ».

Le « *ne m'oubliez mye* » était la fleur favorite de Charles VII et avait été prise comme emblème de dévouement patriotique à la cause royale en qui se personnifiait celle de la France.

En 1437, Charles VII voulant récompenser les arbalétriers de Châlons-sur-Marne des services qu'ils lui avaient rendus au siège de Montereau, octroya à leur confrérie, par lettres patentes, le droit de porter dans leur habillement les couleurs royales « à savoir leurs robes ou « tuniques de drap vermeil et, sur l'un des quartiers, « blanc et vert, avec une fleur de « *ne m'oubliez mye* » « par dessus (1) ».

Jean Tubert, doyen de Paris, mort en 1439, au moment où Charles VII venait de le nommer évêque de Châlons pour reconnaître son attachement au parti national, fut également représenté sur sa pierre tombale — dont un dessin existe au Cabinet des Estampes — avec des vêtements sacerdotaux semés de fleurs de « *ne m'oubliez mye* ».

Aussi n'est-il pas téméraire d'affirmer que les paroissiens de Jean Pluyette, en faisant sculpter ces « quintefeuilles » sur la dalle tumulaire qui recouvrait ses restes mortels, ont ainsi entendu rendre hommage au loyalisme et aux sentiments patriotiques de leur ancien pasteur.

(1) Barbot, *Histoire de Châlons-sur-Marne*, édition 1860, t. I, p. 113, 114.

CHAPITRE V

CE QUI ADVINT DU COLLÈGE DES BONS-ENFANS ET DES BOURSIERS PLUYETTE, DEPUIS LA MORT DE JEAN PLUYETTE (1478) JUSQU'A LA RÉVOLUTION FRANÇAISE.

§ I

Après la mort de Jean Pluyette, ses exécuteurs testamentaires, Thomas Parens et Laurent Leblanc, firent offre de délivrance du legs relatif à la fondation des bourses, aux « Maître, Chapelain-Procureur et Boursier » dudit collège des Bons-Enfans. Ceux-ci se pourvurent en autorisation d'acceptation devant l'évêque de Paris, lequel fit faire préalablement, par expert, une estimation des biens légués.

Cette expertise fut confiée à « Jean Poëreau, masson, « et Nicolas Legoux, charpentier, Jurés du Roy, d'offices « de massonnerie et charpenterie ». — Ces experts rendirent compte de leur travail dans un rapport présenté à : « Révérend Père en Dieu, Monseigneur l'évêque de « Paris ».

Ce document (1) relate que les neuf maisons étaient situées rue Saint-Victor, rue de Versailles et rue des Murs (2), que « deux maisons ayant cour, jardin, caves

---

(1) *Archives nationales*, M. 106.

(2) Il est intéressant, pour compléter ces indications fort curieuses comme reconstitution d'un coin du vieux Paris, de rappeler les commentaires de Jaillot sur l'origine de ces anciens noms de rues.

« La rue des Murs, » dit cet auteur (*loc. cit.*, t. IV, p. 6) — *vicus murorum* — « avait été ainsi dénommée parce qu'elle régnait le long des murs de l'en- « ceinte de Philippe-Auguste. Quelques nomenclatures anciennes lui donnent « ensuite improprement le nom de rue des Rats. La véritable appellation que « l'on substitua à celle de rue des Murs est celle de rue d'Arras, à cause du « collège de ce nom qui s'y trouvait situé. » En ce qui concerne la rue de « Versailles », le rapport d'experts sur l'évaluation des biens légués par Jean Pluyette est un des premiers documents où le nom de ladite rue se trouve

« et appartement étaient sises rue Saint-Victor devant
« le collège du cardinal Lemoine », et qu'elles avaient
appartenu au collège de la Marche : que « deux autres
« maisons à deux pignons sur rue étaient sises aux
« angles de la rue des Murs » et que pour l'une « sou-
« lait prendre pour enseigne *La Cage* (1). et que l'autre
« avait pour enseigne *Le Coq* » : qu'une autre petite
maison, même rue, « fut des appartenances dudit hostel
« de *La Cage,* tenant d'une part audit hostel, d'autre au
« collège d'Arras, en la censive du chapitre de Paris ».

Après avoir visité tous ces immeubles, y compris le
« quartier de jardin, assis hors la Porte Saint-Victor,

ainsi orthographié. Cette rue s'appelait, en réalité, auparavant rue de « Verseilles » : et voici, d'après Jaillot (*loc. cit.*, p. 111), quelle était l'origine de cette dénomination : « La rue de Versailles ou de Verseilles devait ce nom à une famille « distinguée dont l'histoire fait mention dès le xi° siècle. L'un de ses membres, « Pierre de Versaliis y demeurait en 1270. Guillot l'appelle rue de « Verseilles ». « Depuis le xiii° siècle, cette voie de Paris qui aboutit d'un côté a la rue Tra-« versière, de l'autre à celle de Saint-Victor, n'a jamais cessé de porter le nom « de Verseilles ou Versailles. »

La nomenclature des rues de Paris au xiii° siècle, suivant le manuscrit très curieux du Guillot déposé à la Bibliothèque nationale, donne en ce qui concerne ce coin du vieux Paris l'énumération suivante...

> « Emprez est la rue des Murs
> « Jusqu'à la rue Saint-Victor
>
> . . . .
>
> Puis, truis la rue de Verseille
> Et puis la rue du Bon-Puis
>
> . . . .
>
> « En la rue de Bièvre vins
> « D'ilvec en la rue à 3 portes
> « Dont l'une le chemin reporte
> « Droit à la rue de Gallande
> « Cù il n'a ne forêt, ni lande
> « Et l'autre en la rue d'Aras
> « *Où se nourrissent maint grand ras !*

C'est évidemment à cette dernière circonstance que cette voie dut la dénomination de « rue des Rats » qui lui a été parfois attribuée, jusqu'au moment où elle reçut, tout au moins dans une portion de son parcours, le nom de rue d'Arras, cette portion de rue se trouvant être le prolongement de l'ancienne rue des Murs.

(1) Voici comment furent successivement désignées par leurs « enseignes », depuis le xv° siècle jusqu'à 1789, les maisons léguées par Jean Pluyette et ultérieurement reconstruites au cours des baux emphytéotiques. La maison de « *La Cage* » reçut ensuite les dénominations de : maison du « *Sauvage* », de la « *Fleur de Lys* » et « *Château l'Enrieur* ». L'hostel du « *Coq* » a pris ultérieurement pour enseigne : « *Le Chef Saint-Denis* » et « *Le Nom de Jésus* ». Les autres maisons contiguës élevées sur les terrains de la fondation Pluyette avaient pour enseignes : « *La Croix de Lorraine* », le « *Point du Jour* », « *Saint Pierre et Saint Paul* » ou « *La Fortune* ». Les neuf maisons rue Saint-Victor n'en formaient plus que cinq ou six après reconstruction : mais, il fallait y ajouter deux immeubles édifiés rue des Fossés-Saint-Bernard sur les terrains de l'ancien quartier de jardin. (*Archives nationales,* S. 6375.)

« tenant à la rivière de Bièvre », et indiqué les quelques
redevances foncières dont « étaient chargés ces héri-
« tages », les experts concluent en ces termes : « Les-
« quelles maisons, lieux, jardins et édifices, nous avons
« visitez haut et bas, devant et derrière, ainsi qu'il
« appartient à iceux, avons prisez et estimez, prisons et
« estimons le tout ensemble, *sept cent quarante livres*
« *parisis.* »

Nonobstant une estimation aussi basse, l'évêque de
Paris n'hésita pas à autoriser l'acceptation du legs,
acceptation qui fut régularisée par acte passé devant
l'Official de Paris, le 25 juin 1479. Ce document est
signé, au nom du collège des Bons-Enfans par le Principal, Nicolas Pluyette (neveu du testateur) ; Jean Mau-
parant, maître ès arts, curé de Sarcelles, chapelain
perpétuel et procureur du collège ; Jean Rota, bachelier
ès arts ; et, Charles Neveu, écolier-boursier ; — « faisant
« et représentant à présent tous les maîtres et boursiers
« d'icelui collège ».

Il est encore intéressant de noter que l'acte passé
devant l'Official relate la clause résolutoire du legs,
insérée dans le testament de Jean Pluyette, pour le
cas où ledit testament ne recevrait pas son entière
exécution ; et que, d'autre part, l'administration du
collège s'obligeait « sur tous les biens, meubles et
« immeubles » de cet établissement, à entretenir à perpétuité les bourses fondées par le testateur. Il y avait,
dans cet acte, au profit des boursiers Pluyette, une
affectation, à titre d'hypothèque et de nantissement, grevant l'ensemble de l'actif du collège. L'acceptation dudit
legs fut ratifiée le 22 juillet 1479 par l'autorité épis-
copale.

L'évêque de Paris était, du reste, bien inspiré lorsqu'il
autorisait cette acceptation, car les biens laissés par
Jean Pluyette et que l'on n'avait estimés que 740 livres,

à son décès, représentaient, en 1763, selon les chiffres officiels apportés par M. de L'Averny dans son rapport au Parlement (1), un capital de 340.000 livres produisant un revenu de près de 10.000 livres. Ce revenu permettait d'entretenir non seulement les deux bourses instituées par le testament, mais encore trois autres bourses.

En fait, le collège des Bons-Enfans se trouva, pendant des siècles, ne vivre que de la fondation Pluyette, laquelle constituait le plus clair de son actif.

C'est ce que constate, un rapport officiel, adressé, le 13 vendémiaire au VII, au ministre de l'Intérieur par les administrateurs du Prytanée français, rapport où nous lisons ce qui suit : « ... Au surplus, « cette fondation était le seul objet productif de revenu « de l'ancien collège des Bons-Enfans, et l'on peut « regarder comme une dépendance de cette donation « les bâtiments de l'ancien collège... lesquels ont été « reconstruits ou réparés avec les économies faites sur « les revenus de la fondation Pluyette (2). »

Au moyen de cette donation testamentaire, Jean Pluyette était donc parvenu à réaliser, pour toute la durée que comportent les événements humains, le double objet qu'il poursuivait : assurer au plus grand nombre possible de ses arrière-neveux le bienfait de l'instruction et doter des ressources indispensables son cher collège des Bons-Enfans.

Il avait su également, escomptant les plus-values à venir, profiter de l'énorme dépréciation qui avait atteint les immeubles à Paris, au xve siècle, pour acquérir, dans les conditions les plus avantageuses, les terrains et maisons qu'il légua au collège des Bons-Enfans.

---

(1) *Loc. cit., sup.*

(2) Nous reproduisons plus loin, *in extenso*, le texte de ce rapport dont l'original est déposé aux Archives nationales.

Au point de vue spécial des fluctuations de la valeur vénale de la propriété immobilière à Paris, la fondation de Jean Pluyette, par les estimations officielles auxquelles elle a successivement donné lieu, vient fournir les constatations les plus intéressantes.

Lorsque Charles VII était parvenu, en 1436, à reconquérir sa capitale, il la trouva ruinée par l'occupation étrangère et les désastres de toute nature ; la guerre, les émeutes, les épidémies avaient décimé plus du tiers de la population

« En ce temps, lisons-nous dans « *Le Journal d'un* « *Bourgeois de Paris* », année 1424, — toutes gens qui « avaient maisons y renonçaient puisqu'elles étaient « chargées de rentes ; car, nuls des censiers ne vou- « laient rien laisser de leurs rentes et aimaient mieux « tout perdre que faire humanité à ceux qui leur « devaient rentes, tant était la foy petite ; et, par cette « deffaulte de foy, *on eust trouvé à Paris de maisons* « *vides et croisées saines et entières plus de vingt-* « *quatre milliers où nul ne habitait.* »

C'est ce qui explique comment Jean Pluyette avait pu acquérir la plupart de ses maisons à un prix qui ne correspondait qu'aux redevances dont elles étaient chargées.

Au XVe siècle, la valeur du sol parisien était considérée comme à peu près nulle ou du moins négligeable.

Il est même assez curieux de constater que, dans leur rapport, les experts ne parlent pas de la contenance du terrain, sauf, incidemment, en ce qui concerne le jardin *extra muros* pour lequel ils s'expriment ainsi : « *item,* « un *quartier* de jardin *ou environ,* aussi comme il se « comporte, assis hors la porte Saint-Victor, tenant à « la rivière de Bièvre. »

Un « quartier » représentait un quart d'arpent (1).

(1) L'arpent de Paris contenait, d'après Dezobry et Bachelet, 900 toises carrées, soit 3.419 mètres carrés ; l'arpent royal des Eaux et Forêts valait 1.514 toises, ce

Mais il semble bien qu'ici cette désignation sommaire et approximative avait moins pour objet de déterminer la contenance du terrain dont il s'agit que d'en indiquer la situation et d'en faciliter le bornage au regard des héritages voisins.

Ce n'est qu'en des documents ultérieurs (1) que l'on trouve des énonciations permettant de chiffrer à dix mille mètres carrés, en nombre rond, la superficie du domaine immobilier légué par Jean Pluyette. Ce chiffre ne peut être arrêté très exactement, la démolition de l'enceinte de Philippe-Auguste qui séparait les terrains *extra muros,* en nature de jardin, des maisons de la rue Saint-Victor, ayant amené certains changements d'alignement et de délimitation.

Il est à remarquer que les experts ne font pas état des baux en cours.

Faut-il en induire que ces immeubles se trouvaient alors sans locataire ?

Il nous semble plus naturel de supposer que les experts, qui appartenaient aux « offices de massonnerie et de charpenterie », n'ont vu d'autre évaluation à faire que celle des constructions, comme charpente et matériaux.

D'ailleurs, la requête présentée à l'évêque de Paris par les exécuteurs testamentaires, en vue de faire procéder à l'estimation desdits biens, rappelait que « ces

qui correspondait à 5.107 mètres carrés. Le « *quartier* » représentait donc une contenance de 1.000 mètres carrés environ.

1) Ainsi que nous le verrons plus loin, tous les immeubles provenant de la fondation Pluyette furent vendus, pendant la période révolutionnaire, comme biens nationaux. Un extrait des procès-verbaux d'adjudication fut délivré, en 1831, par la Préfecture de la Seine. Mais, cette pièce, qui se trouve aux mains de l'auteur, tout en relatant les prix de vente, dates des adjudications et noms des acquéreurs, ne contenait pas l'indication des contenances. Des recherches récentes faites aux archives du Domaine n'ont permis de retrouver que 5 procès-verbaux d'adjudication sur 9. Les 4 autres, communiqués autrefois à la ville de Paris, avaient été brûlés dans les incendies de la Commune. Mais, en ajoutant aux contenances indiquées dans les 5 procès-verbaux celles qu'il est possible de reconstituer, sur plans, pour les autres immeubles aliénés, on arrive à un total d'au moins 10.000 mètres carrés.

« héritages sont de *bon revenu* et de plus grande valeur,
« sans comparaison, que la charge des deux bourses ins-
« tituées par la fondation ».

Quoi qu'il en soit, le rapport d'expertise ci-dessus et
l'estimation si basse des importants biens fonciers légués
par Jean Pluyette, corroborent les plus récentes constatations faites par les Économistes sur l'avilissement de
la propriété immobilière et notamment du sol nu, à Paris,
au xve siècle (1).

La valeur de la propriété foncière parisienne ne se
releva qu'à la fin du règne de Louis XI.

Charles VII, hanté par les souvenirs sinistres de son
enfance, avait conservé contre Paris une sorte d'aver-
sion. Il n'y fit que de rares apparitions.

Ce fut seulement sous le règne de Louis XI et surtout
sous ses successeurs que la Cour et les Grands Seigneurs
commencèrent à rendre à la capitale son ancien éclat,
que la grande Ville se repeupla et vit refleurir dans son
enceinte le luxe et la richesse.

Que devint au xvie siècle le collège des Bons-
Enfans ?

Quelle affectation reçurent les biens de la fondation
Pluyette et quel en était le revenu ?

Les documents qui existent aux Archives nationales
(notamment H. 2254, S. 6373, 6374, 6376, 6851) con-
tiennent des renseignements à cet égard et fournissent
des aperçus intéressants sur les contrats qui interve-
naient, à cette époque, pour la gestion des biens fonciers
de cette nature.

Vers le milieu du xvie siècle, les maisons léguées par
Jean Pluyette se trouvaient dater de cent ans. Elles
tombaient en ruine. Le collège n'avait pas les ressources
suffisantes pour en mener à bien la reconstruction.

____

(1) V. notamment Vte d'Avenel, « *Histoire économique de la propriété, des
« salaires, des denrées et de tous les prix en général depuis l'an 1200.* »

Suivant l'usage alors adopté, en pareil cas, ces biens furent « baillés à emphytéose ».

L'emphytéote en acquérait la jouissance pour une période fort longue, telle que cinquante ou quatre-vingt-dix-neuf ans, moyennant une redevance annuelle peu élevée. Il devait, par contre, édifier des constructions neuves et les rendre en bon état à l'expiration de son bail.

C'est ainsi que les immeubles dépendant de la fondation de Jean Pluyette furent successivement l'objet de baux emphytéotiques qui s'échelonnent de l'année 1546 à l'année 1612.

Tous ces contrats sont signés, au nom du collège des Bons-Enfans, tant par le Principal que par les Boursiers Pluyette, alors en possession des Bourses, ce qui indique bien que le titre même de la fondation maintenait, au profit des Boursiers, une sorte de droit de copropriété sur les biens dont il s'agit.

Les baux emphytéotiques, tout en assurant, pour l'avenir, la reconstitution d'un capital immobilier important, ne produisaient, dans le présent, que de faibles revenus au profit du collège.

Il résulte d'un document officiel conservé aux Archives nationales (M. 106, pp. 12 et 22) qu'en l'année 1550 ces revenus ne s'élevaient « qu'à 137 liv. de redevance en argent, plus les légumes du quartier de jardin », et que quatre des maisons léguées par Jean Pluyette et sises en face du collège ne produisaient aucun revenu, attendu qu'elles servaient à loger gratuitement les externes fréquentant les cours.

On voit donc que le vœu de Jean Pluyette, tendant à créer, en dehors des Boursiers, des élèves pensionnaires, ainsi que cela avait eu lieu au collège de Navarre, s'était, grâce à son legs, trouvé réalisé.

Mais, à un autre point de vue, la situation budgétaire

du collège des Bons-Enfans était devenue assez précaire.

Le 23 juillet 1568, le Principal dut, avec le concours des titulaires d'alors des Bourses Pluyette, vendre la moitié environ du quartier de jardin.

En 1599, les marguilliers de Mesnil-Aubry et de Fontenay, gardiens vigilants des droits dont Jean Pluyette leur avait confié la tutelle, élevèrent certaines réclamations au sujet de la façon dont les Bourses étaient entretenues.

Le 6 février 1599 intervint une sentence du Châtelet qui obligeait l'administration du collège soit à entretenir exactement les Bourses soit à abandonner aux Boursiers les 2/3 des revenus de la fondation.

Une transaction fut signée le 16 novembre 1622, pour régler les détails de l'entretien normal des Bourses et sauvegarder pour l'avenir les droits des Boursiers.

Mais, deux ans après, se produisit un événement qui vint modifier les destinées du collège des Bons-Enfans et créer une situation nouvelle aux Boursiers Pluyette. Vincent de Paul, en 1624, fut nommé Principal du collège des Bons-Enfans. Il venait de fonder la Congrégation des Prêtres de la Mission et l'Archevêque de Paris avait pris cette œuvre sous son haut patronage. Vincent de Paul obtint du Prélat que les biens du collège y compris ceux de la fondation Pluyette fussent unis à sa communauté dont le siège resta fixé quelque temps au collège même des Bons-Enfans.

En 1632, la Congrégation fut transférée au prieuré de Saint-Lazare, d'où le nom de Lazaristes donné aux prêtres de la Mission, et le collège des Bons-Enfans fut converti en séminaire.

Il résultait de ce changement d'orientation qu'en dehors des études théologiques, les Boursiers Pluyette qui ne se destinaient pas à la prêtrise et qui désiraient pousser leurs études jusqu'au grade de maître, en des

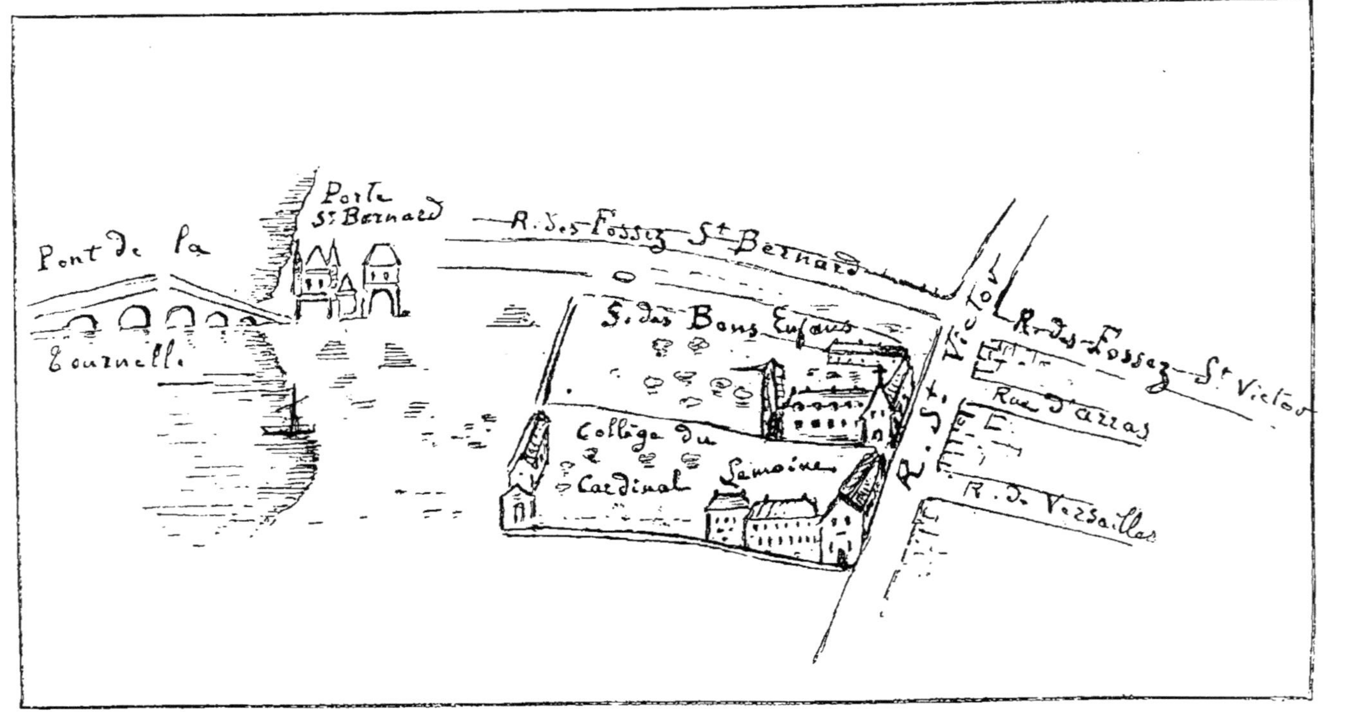

LE SÉMINAIRE DES BONS ENFANTS, CONTIGU AU COLLÈGE DU CARDINAL LEMOINE
depuis la suppression de la porte Saint-Victor et de l'enceinte de Philippe-Auguste, suppression qui eut lieu en 1683.

(Extrait du plan dessiné par Jaillot en 1717.)

branches d'instruction telles que mathématiques, grammaire, etc.., étaient obligés de suivre les cours d'autres collèges.

La nouvelle administration du collège des Bons-Enfans réserva du reste, sur les produits des biens de la fondation Pluyette, de quoi faire face à l'entretien des deux boursiers, soit au collège même, soit dans d'autres établissements. Le montant de cette somme annuelle était versé auxdits établissements ou aux Boursiers eux-mêmes.

C'est ainsi qu'il existe aux Archives nationales (M.105, n° 8) une série de quittances données, de 1626 à 1640, par les divers titulaires qui se succédèrent, pendant cette période, dans le bénéfice des Bourses Pluyette, lesquels reconnaissent avoir reçu de Vincent de Paul, supérieur du Collège, le montant de leurs quartiers de bourse.

A dater de 1646, l'Etablisement rentra en jouissance : 1° des terrains dont les baux emphytéotiques étaient expirés ; 2° des constructions édifiées par les emphytéotes.

Aussi, le revenu de ces biens, qui, en 1640, ne s'élevait qu'à 809 liv., atteignait-il, en 1690, après la cessation de l'emphytéose, un chiffre de 3.880 liv. 19 sols, 5 deniers parisis.

D'autres circonstances allaient favoriser l'extension du patrimoine immobilier du collège des Bons-Enfans.

En 1685, par suite de la suppression des fossés et des murs de l'enceinte de Philippe-Auguste, le séminaire des Bons-Enfans bénéficia du délaissement des terrains qui formaient le prolongement du « quartier de jardin », lequel se trouva devenir en façade sur la nouvelle rue des Fossés-Saint-Bernard. Ce délaissement par la Ville était la contre-partie de retranchements qu'avaient subis, comme conséquence d'un nouvel alignement, les terrains des Bons-Enfans sis rue Saint-Victor et rue d'Arras.

Les Lazaristes achetèrent, en outre, de nouveaux terrains déclassés de l'ancienne enceinte, situés rue des Fossés-Saint-Bernard et faisant suite à ceux qui appartenaient déjà au séminaire des Bons-Enfans. Ils construisirent sur ces terrains une maison de rapport. (Archives nationales, S.6851 et H. 2554).

Mais, le collège des Bons-Enfans, dont la prospérité matérielle s'affirmait ainsi graduellement, avait été, nous l'avons dit, converti en séminaire.

En 1684, le boursier Jacques Pluyette qui se destinait aux études de droit et qui n'estimait pas trouver dans le collège-séminaire des éléments suffisants pour s'y préparer, quitta cet établissement en émettant la prétention de pourvoir à ses études comme il l'entendrait et de se faire verser le montant de la somme annuelle affectée à l'entretien de la bourse.

Le collège résista et, sur le refus de Jacques Pluyette de réintégrer l'établissement, fit proclamer cet étudiant : « boursier rebelle, insoumis et contumax ». Jacques Pluyette obtint néanmoins du Parlement un arrêt qui condamnait le collège à lui verser 324 livres parisis pour 10 mois et 8 jours de pension pendant lesquels il n'avait pas occupé la bourse. Cette somme lui fut versée, en 1687, par le Principal d'alors, P. Berthié.

La mainmise de la Congrégation de la Mission sur le collège des Bons-Enfans n'avait donc pas été sans soulever quelques conflits au sujet de l'application du testament de Jean Pluyette. Elle suscita d'ailleurs le mécontentement et les protestations de l'Université, laquelle, investie de la haute surveillance de tous les Établissements d'instruction situés dans son ressort, avait vu, dans cette mainmise, une atteinte à ses privilèges et à ses droits.

En 1707, le collège des Bons-Enfans avait été définitivement et officiellement transformé en séminaire, par ordonnance du cardinal de Noailles, et avait pris le nom de séminaire Saint-Firmin. Par lettres patentes de janvier 1714, enregistrées au Parlement le 15 mars suivant, Louis XIV confirma l'acte d'établissement des Prêtres de la Mission pour la direction du séminaire.

La Congrégation de la Mission invoquait ces titres et une possession de 135 années pour résister à l'action judiciaire que l'Université de Paris se décida à porter devant le Parlement, en 1763, action tendant à faire prononcer la nullité de l'incorporation du collège des Bons-Enfans à ladite Congrégation.

Les moyens invoqués par l'Université sont ainsi résumés dans le rapport présenté au Parlement, le 12 novembre 1763, par le conseiller de L'Averny : « ... L'union « de la Congrégation des Missions à la Principalité et à « la Chapellenie du collège des Bons-Enfans est défec- « tueuse et abusive : 1° parce que s'agissant d'un collège « uniquement destiné à des étudiants dans les facultés « des arts, ces offices ne pouvaient être possédés par « une Congrégation ; 2° parce que l'on n'a pas appelé « les parties intéressées, savoir : l'Université pour le « collège et les ayants droit Pluyette pour ce qui les « intéresse ; 3° parce qu'elle fut faite sur les conclusions « du Promoteur de l'Officialité qui est un officier to- « talement étranger à l'Université et auxdits collèges, « et qu'il n'a jamais eu aucun droit de s'immiscer dans « leurs affaires ; 4° parce qu'il y a eu collusion manifeste « lorsque le premier instituteur de la Congrégation « donna d'une main sa démission de Principal et Cha- « pelain des Bons-Enfans et, de l'autre, reçut ces deux « mêmes offices et en prit possession comme Supérieur « général de la Congrégation ; 5° parce que les lettres- « patentes pour l'union n'ont pas été registrées. »

Les ayants droit Pluyette étaient intervenus dans l'instance à toutes fins utiles.

Quel que fût le mérite des conclusions susrelatées, la question se trouva tranchée, en fait, par une mesure d'ordre général qui tient une place importante dans l'histoire de l'enseignement public à Paris. A cette époque, en dehors des dix grands collèges de plein exercice, on comptait, à Paris, un assez grand nombre de petits collèges déchus de leur prospérité passée et qui ne subsistaient que grâce aux anciennes fondations de bourses dont les bénéficiaires étaient, parfois, dans l'obligation d'aller suivre les enseignements des grands collèges. On songea à réunir tous ces boursiers dans un établissement unique.

Or, l'expulsion de l'Ordre des Jésuites, au début de l'année 1763, venait précisément de permettre à l'Université d'opérer une main-mise sur leur collège qui, primitivement dénommé collège de Clermont, avait ensuite reçu le nom de collège Louis-le-Grand en souvenir des faveurs dont Louis XIV l'avait comblé. Les bâtiments en étaient vastes et bien aménagés et l'établissement était déjà célèbre, les Jésuites y ayant introduit des méthodes nouvelles et les réformes scolaires les plus heureuses.

Le collège de Lisieux y fut transporté et installé en grande pompe, en présence de l'Université et du Parlement.

C'est également dans ce collège Louis-le-Grand que des lettres-patentes données par Louis XV, à Versailles, le 1ᵉʳ février 1769, décidèrent le transfert des boursiers de tous les petits collèges de Paris. Ces petits collèges qui n'étaient plus de plein exercice et qu'on supprimait ainsi, de fait, en tant qu'établissements scolaires autonomes, étaient les suivants : Collèges des Bons-Enfans, d'Autun, de Beauvais, de Laon, de Boissy, Fortet, de Reims, de Sainte-Barbe, de Bourgogne, de Presles, des Cholets, de Maistre-Gervais, de Justice, de Saint-Michel, du Trésorier, de Bayeux, d'Arras, des Dix-Huit, de Dainville, de Cambrai, du Mans, de Cornouailles, de Narbonne, de Tours, de Séez, d'Huban, de Mignon et de Tréguier (1).

Non seulement les boursiers, mais les biens affectés à l'entretien des bourses furent transférés au collège Louis-le-Grand.

Certaines de ces bourses n'étaient gagées que par une délégation sur les aides et gabelles, c'est-à-dire sur des perceptions offrant un certain caractère de précarité. La fondation Pluyette présentait, au contraire, une importance toute particulière. Elle reposait, en effet, sur des immeubles, sis à Paris, en plein rapport, et dont le rendement net s'élevait, à cette époque, à 9.612 liv. 15 sols.

Mais, si l'ordonnance royale du 1er février 1769 prévoyait bien la création, au collège Louis-le-Grand, d'un poste de « Grand-Maître temporel des boursiers », chargé de gérer, sous la surveillance du conseil d'administration, les biens dépendant des fondations, la question se trouvait singulièrement complexe en ce qui concerne le collège des Bons-Enfans. En effet, les immeubles légués par Jean Pluyette étaient entrés dans le patrimoine propre de ce collège, ultérieurement absorbé par la Congrégation de la Mission ; et, tous ces biens avaient alors été indistinctement hypothéqués à la garantie du remboursement d'un emprunt de 71.000 liv. contracté par ladite Congrégation.

Sans doute, un arrêt du Parlement était intervenu, le 8 mai 1769 (2), lequel, faisant droit aux conclusions

<hr>

(1) Jourdain (Ch.), *Histoire de l'Université de Paris au XVIIe et XVIIIe s.*, 1888, t. II, p. 330.

(2) Cet arrêt, dont une expédition et cinq exemplaires imprimés existent aux Archives nationales (S. 6378), présente ce détail assez curieux de contenir la désignation de tous les représentants alors existants des différentes branches de la famille Pluyette.

En voici la liste d'après les énonciations de l'arrêt :

« ... Antoine-Nicolas-Etienne Pluyette, laboureur à Gonesse, aîné de toute la

des marguilliers de Mesnil-Aubry et de Fontenay, des
consorts Pluyette et du Grand-Maître du collège Louis-
le-Grand, envoyait ce dernier Établissement en possession « de tous les biens du collège des Bons-Enfans
« et fondations de bourses y annexées et revenus qui
« en dépendent, à compter du 1er octobre 1764 ».

Aux termes de cet arrêt, il avait même été procédé, le
7 juillet 1769, à la visite et à l'estimation de tous ces
biens par Jacques Denis Antoine, architecte-expert,
commis à cet effet.

Mais la Congrégation de la Mission n'estimait pas ledit arrêt exécutable. — Elle finit par obtenir du Roi des
lettres-patentes, données à Versailles le 22 avril 1773,
régistrées en Parlement le 31 juillet suivant, par lesquelles la Principalité et la Chapellenie du Collège des
Bons-Enfans étaient déclarées être et demeurer unies,
à perpétuité, à la Congrégation de la Mission.

Ces lettres-patentes contenaient notamment les dispositions suivantes :

Art. VI

« Les deux bourses fondées par Jean Pluyette conti-
« nueront à être remplies de la manière prescrite par le
« titre de fondation ; mais, il n'en sera établi aucune
« autre pour remplacer les anciennes jusqu'à ce que la
« moitié au moins des dettes et emprunts du collège des

« famille Pluyette ; Pierre Pluyette, licencié en théologie de la Faculté de Paris
« ci-devant boursier de la fondation Pluyette au collège des Bons-Enfans ;
« François Pluyette, laboureur à Gonesse ; Nicolas Pluyette, laboureur au même
« lieu ; Marie-Louis Pluyette, mineur émancipé d'âge par justice, procédant sous
« l'autorité d'Antoine-Nicolas-Etienne Pluyette, son curateur aux causes ; Pierre
« Pluyette, marchand à Paris ; Mathieu Pluyette, majeur, demeurant à Gonesse ;
« Pierre Pluyette, bourgeois de la ville de Meaux, aîné de la branche issue de
« Thibault Pluyette (frère du fondateur Jean Pluyette), ci-devant boursier de la
« fondation Pluyette au collège des Bons-Enfans ; Claude Pluyette, laboureur à
« Aulnay-sous-Bondy ; Nicolas-Philippe Pluyette, laboureur à Chambry ; Antoine-
« Nicolas Pluyette, mineur émancipé d'âge, procédant sous l'autorité dudit
« Pierre Pluyette, son curateur aux causes ; Jean-Louis-Augustin Pluyette,
« écuyer, chevalier de notre ordre royal et militaire de Saint-Louis, capitaine
« des grenadiers royaux du bataillon de Paris ; Antoine Le Flamand, avocat
« en notre dite Cour, tant en son nom comme issu en ligne masculine et fémi-
« nine de la famille de Jean Pluyette, qu'au nom et comme chargé de l'exé-
« cution du testament de Gilles Pluyette, décédé en 1706, chanoine de l'église de
« Senlis, et, en cette qualité, stipulant pour tous les descendants de Michel
« Pluyette appelés à la substitution établie par ledit sieur Gilles Pluyette... »

« Bons-Enfans ait été acquittée : et, dans tous les temps,
« celles de la famille Pluyette, les seules dont la fonda-
« tion soit conservée, seront préférées à toutes au-
« tres. »

Art. VII

« La nomination desdites deux Bourses appartiendra,
« comme par le passé, aux marguilliers des deux pa-
« roisses de Mesnil-Aubry et de Fontenay-en-France, la
« collàtion d'icelles réservée à l'Archevêque de Paris,
« conformément au testament dudit Jean Pluyette. »

Art. VIII

« Tous les titres, papiers, mémoires et renseigne-
« ments concernant les terrains et bâtiments du collège
« des Bons-Enfans, qui ont été transportés au collège
« Louis-le-Grand, seront remis et restitués aux Prêtres
« de la Congrégation de la Mission établie dans le sémi-
« naire Saint-Firmin. »

La question des comptes à apurer entre le collège
Louis-le-Grand et les Prêtres de la Mission, à propos des
Bourses Pluyette, finit par donner lieu à des difficultés
inextricables.

Par délibération du 2 octobre 1764 (1), les administrateurs de Louis-le-Grand avaient décidé l'admission
dans ce collège des deux Boursiers Pluyette venant du
collège des Bons-Enfans, et ce, par provision, sans
attendre que le montant de la pension à payer eût été
fixé d'accord avec la Congrégation de la Mission.

Après l'arrêt du Parlement, de 1769, qui envoyait le
collège Louis-le-Grand en possession de tous les biens
provenant de la fondation Pluyette, les marguilliers de
Mesnil-Aubry et de Fontenay firent remarquer que les
revenus de cette fondation atteignaient un chiffre mini-

(1) Recueil des délibérations du bureau d'administration du collège Louis-le-
Grand réuni par le Président Rolland et imprimé en 1781 (pages 391 et 394).

mum de 10.000 livres et qu'en en déduisant même l'a-
mortissement du passif hypothécaire de l'ancien collège
des Bons-Enfans, il restait somme suffisante pour entretenir, indépendamment des deux boursiers titulaires,
deux autres boursiers Pluyette. Faisant droit à cette
requête, les administrateurs de Louis-le-Grand autori-
sèrent l'admission de deux boursiers surnuméraires.

Puis, par lettre en date du 15 septembre 1781 (1),
adressée à l'Archevêque de Paris, le Président Rolland,
au nom du collège Louis-le-Grand, posa en principe que
le chiffre des bourses accordées irait en augmentant au
fur et à mesure que l'amortissement de l'emprunt contracté par la Congrégation de la Mission laisserait dis-
ponible une somme annuelle plus considérable sur les
les revenus de la fondation de Jean Pluyette.

En application de ce principe, les administrateurs de
Louis-le-Grand décidèrent, par délibération du 17 décembre 1789, qu'un nouveau boursier surnuméraire
serait admis sur la présentation qui en serait faite par
les marguilliers de Mesnil-Aubry et de Fontenay.

La délibération ajoutait qu'il serait statué incessam-
ment sur le placement des deniers que le collège des
Bons-Enfans se trouvait avoir en caisse outre et par dessus l'année de son revenu. — Ce revenu était évalué
à 11.192 liv. 10 sols, et les charges ordinaires à 8.520 liv.
16 sols, non compris 1.500 livres environ pour dépenses
d'entretien des immeubles et supplément de pension
correspondant à l'admission de deux nouveaux boursiers
Pluyette. L'excédent de revenu était donc de 1.171 liv.
14 sols.

Tel était l'état de choses existant au moment de la
Révolution.

En résumé, l'antique collège des Bons-Enfans, après

____

(1) Recueil des délibérations du bureau d'administration du collège Louis-le-
Grand, p. 428.

avoir survécu 300 ans. grâce à la fondation Pluyette, avait
fini par être transformé en séminaire, et les Boursiers
de la fondation avaient été transférés au collège Louis-
le-Grand où l'on groupait toutes les bourses de famille
des petits collèges.

Mais, au milieu de ces vicissitudes, l'œuvre du fondateur, Jean Pluyette, était restée debout, et, pendant plus
de trois siècles, les biens légués par lui n'avaient cessé
de suffire et au delà à l'entretien des deux bourses qu'il
avait instituées.

§ II

Il nous paraît intéressant d'ajouter à ces indications
quelques détails complémentaires concernant le fonctionnement des bourses fondées par Jean Pluyette et
la longue succession de titulaires qui en ont bénéficié. En
examinant, en outre, quelles vocations se manifestèrent
le plus fréquemment chez les arrière-neveux de Jean
Pluyette et quelles situations occupèrent les principaux
d'entre eux, nous pourrons suivre ainsi l'évolution, à
travers les âges, de l'une de ces anciennes familles rurales
dont le nom et la descendance subsistent encore aujour-
d'hui sur le terroir d'Ile-de-France.

Depuis le xvᵉ siècle, les marguilliers de Mesnil-Aubry
et de Fontenay, exécuteurs perpétuels des dernières
volontés de Jean Pluyette, avaient rempli fidèlement
leur mission. choisissant dans ces deux villages ou aux
environs, pour être présentés au bénéfice des bourses,
les plus « idoines » du « lignage et du nom de Pluyette ».

Il est, même assez digne de remarque que, pendant
plus de trois siècles, ni le lignage ni le nom ne firent
défaut. C'est exceptionnellement que des boursiers
furent pris dans la lignée féminine à défaut de parents
aussi rapprochés du nom de Pluyette.

Voici, reconstituée, à une ou deux exceptions près, au

moyen de notes et papiers de famille corroborés par les documents existant aux Archives nationales, la liste des Boursiers Pluyette depuis l'origine de la fondation jusqu'à 1789.

XVe SIÈCLE

1479	Claude PLUYETTE.	Fils de Henri Pluyette — premier boursier (neveu du testateur, désigné comme boursier par le testament).
1479	Jean Le FLAMAND.	Fils de feu Jean Le Flamand, orfèvre. — Autre premier boursier (filleul du testateur, désigné comme boursier par le testament).

XVIe SIÈCLE

1520	Jacques PLUYETTE.	Ultérieurement devenu Principal du Collège des Bons-Enfans.
1530-1548	Ysambert PLUYETTE. Claude PLUYETTE.	Interviennent dans les baux emphytéotiques des 9 avril 1546 et 19 avril 1547. — Archives nationales S. 6373.
1548-1561	Germain PLUYETTE. Jacques HAMELIN.	Interviennent dans le bail emphytéotique du 5 novembre 1561. — Arch. nat. S. 6373.
1564-1568	Pierre PLUYETTE. Simon HAMELIN.	Interviennent dans des baux emphytéotiques et dans la vente d'une partie du quartier de jardin. — Actes du 19 mars 1564, 23 juillet 1568, 13 mars 1568. Arch. nat. S. 6373 à 6376.
1574	Pierre PLUYETTE. Estienne PLUYETTE.	Interviennent dans le bail emphytéotique du 15 février 1574 consenti à Nicolas Champion, libraire à Paris. — Arch. nat. S. 6376.
1579-1580	Pierre PLUYETTE. Nicolas PLUYETTE.	Interviennent dans des baux emphytéotiques. — Actes des 23 juin 1579 et 30 mars 1580. — Arch. nat. S. 6377.
1597	Germain PLUYETTE. Pierre GUÉBILLON.	Interviennent dans le bail emphytéotique du quartier de jardin. — Arch. nat. S. 6377.
1599-1602	Germain PLUYETTE. Estienne GUÉBILLON.	Interviennent dans les actes des 3 juillet 1599 et 16 août 1602. — Arch. nat. S. 6851.

XVIIe SIÈCLE

1608 1618	Nicolas PLUYETTE. Etienne PLUYETTE, de Roissy.	Ces deux boursiers sont représentés par leurs pères Claude Pluyette et Pierre Pluyette dans l'acte de transaction intervenu le 15 novembre 1622 avec l'administration du Collège. — Arch. nat. H. 2554.
1621	Pierre PLUYETTE.	

1627 1629	Louis PLUYETTE. Henri PLUYETTE.	Plusieurs reçus signés par Henry Pluyette figurent aux Archives nationales : Section historique, M. 105. — Ces reçus contiennent quittance, pour divers quartiers de bourses, donnée au Principal des Bons-Enfans, Vincent de Paul, lequel est, le plus souvent, désigné dans ces reçus sous le simple nom de « Monsieur Vincent ».
17 mars 1629	Mathieu PLUYETTE.	Neveu de Gilles Pluyette curé de Fontenay. — Remplace Louis Pluyette. en vertu d'une lettre de provision de Monseigneur de Gondy qui fut le premier prélat de l'épiscopat parisien à porter le titre d'archevêque.
12 mai 1637	Claude PLUYETTE.	Nommé par lettre de provision du même archevêque.
1640	Jean PLUYETTE.	Neveu de Nicolas Pluyette, curé d'Epiais.
	Gilles PLUYETTE.	Lettre de provision de Monseigneur de Gondy. Le 28 septembre 1640, Jean et Gilles Pluyette donnent quittance à Vincent de Paul, le premier de la somme de 26 liv. pour un quartier de bourse, le second. de 52 liv. pour deux quartiers de bourse. — Arch. nat. M. 105.
1650 1655	François PLUYETTE. Nicolas PLUYETTE.	Interviennent dans un acte du 19 octobre 1655 pour reprendre possession, à la cessation du bail emphytéotique, de la maison ayant pour enseigne «Le nom de Jésus.» — Arch. nat. S. 6851.
16 octobre 1661	Justin PLUYETTE.	Remplace François et est nommé par lettre de provision de l'archevêque de Paris, Mgr Hardouin de Péréfixe.
1670	Etienne PLUYETTE.	
13 juillet 1681	Louis PLUYETTE.	Succède à Etienne.
1684	Jacques PLUYETTE.	Procès avec les prêtres de la Mission qui ont l'administration du Collège. En 1687, Jacques Pluyette donne quittance au Principal, P. Berthié, d'une somme de 324 liv. qui lui est payée, en exécution d'un arrêt du parlement, pour 10 mois moins 8 jours pendant lesquels il n'a pas occupé sa bourse.
21 mars 1692	Antoine PLUYETTE.	Prend possession par *eau bénite*.
1693	François PLUYETTE.	

XVIIIᵉ SIÈCLE

29 juillet 1706	Pierre PLUYETTE.	Nommé par lettre de provision du cardinal de Noailles, archevêque de Paris.

29 juillet 1706	Gilles PLUYETTE.	Nommé par lettre de provision du cardinal de Noailles, archevêque de Paris.
21 septembre 1710	François PLUYETTE.	idem
26 janvier 1711	Hubert PLUYETTE.	Originaire de Fontenay, demeurant chez son oncle, curé audit lieu.
3 janvier 1723	Robert NAVARRE.	De la famille Pluyette, succède à François Pluyette.
1728	Etienne PLUYETTE.	Devient maître ès arts.
1732	Pierre PLUYETTE.	Etienne et Pierre Pluyette signent, le 13 avril 1711, le p. v. de l'enquête sur le fonctionnement des Bourses Pluyette au collège des Bons-Enfans, enquête à laquelle procéda le Recteur de l'Université de Paris. L'original de ce p. v. est déposé aux Archives nationales. H. 2551.
1742-1755	Jean des LIONS.	Procès sur l'attribution de la Bourse.
	Etienne PLUYETTE.	Les marguilliers de Mesnil-Aubrey et de Fontenay approuvent, par devant notaires, la nomination faite le 5 août 1751 de Etienne Pluyette, âgé de 13 ans, fils de Pierre Pluyette, laboureur à Fontenay, en remplacement de Jean des Lions.
11 décembre 1757	Alexis-Hubert CHESNON DE CHAMPMORIN.	Fils de dame Marie-Anne Pluyette et de Pierre de Champmorin, avocat, conseiller du roi, receveur des Tailles, à Mortagne.
10 décembre 1760	Pierre PLUYETTE.	Remplace son frère Etienne.
1762	Jacques-Laurent-Michel.	

EN 1763, RÉUNION DU COLLÈGE DES BONS-ENFANS AU COLLÈGE LOUIS-LE-GRAND

11 novembre 1764	P. L. du COUDRAY.	Est ainsi que le suivant, parent de Jean Pluyette dans la ligne féminine.
21 novembre 1764	Jacques Michel PILLOT.	Fils de Jacques Pillot, instituteur à Fontenay.
21 septembre 1767	Charlemagne MIGNAN.	
3 mars 1768	Vincent Denis PLUYETTE.	

Au moment de la Révolution de 1789, le nombre des Bourses Pluyette au Collège Louis-le-Grand avait été porté de 2 à 4 (deux boursiers titulaires et deux boursiers nouveaux dits surnuméraires), en vertu de la délibération prise par le Conseil d'administration de Louis-le - Grand sur la requète des marguilliers de Mesnil-Aubry et de Fontenay.

Les bénéficiaires de ces quatre bourses se trouvaient alors, dans l'ordre de leur nomination.

15 octobre 1775	Philippe PLUYETTE.	Fils de Nicolas Philippe Pluyette laboureur à Chambry, et petit-fils de Pierre Pluyette, ce dernier aîné de la branche issue de Thibault Pluyette, frère de Jean Pluyette, et, par conséquent, arrière-neveu du testateur.
1ᵉʳ octobre 1780	Jean Charles PLUYETTE du Perron.	Fils du Chevalier Pluyette du Perron, lequel était chef d'une autre branche de la famille Pluyette.
19 février 1781	Claude Le FLAMAND de Joyenval.	Fils de Louis Claude Le Flamand de Joyenval, Procureur et Directeur des Postes à Luzarches, lequel était arrière-neveu maternel et arrière-cousin paternel de Jean Pluyette.
18 octobre 1785	Denis Etienne André PLUYETTE.	Dont les parents appartenaient à une autre branche Pluyette, obtient à la requète de l'archevêque de Paris d'être admis comme, boursier, bien qu'il n'eût pas l'âge requis d'entrer en 6ᵉ et qu'il n'y eût pas de classe inférieure à Louis-Le-Grand — a remplacé Vincent Denis Pluyette.

Tous les Boursiers dont nous venons de donner la liste avaient été choisis et présentés, conformément aux dispositions du testament de Jean Pluyette, par les marguilliers de Mesnil-Aubry et de Fontenay.

Si l'on examine maintenant les conditions du fonctionnement de ces bourses, on constate que les titulaires, admis en général vers l'âge de 8 à 15 ans, en conservaient le bénéfice pendant douze années en moyenne. A l'expiration de cette période, le Boursier signait un acte de démission et il était immédiatement remplacé par un nouveau bénéficiaire désigné par les marguilliers de Mesnil-Aubry et de Fontenay. On voit donc que, par une interprétation peut-être un peu extensive du testament, les boursiers, nantis dès leur enfance, ne démis-

sionnaient, en général, qu'après avoir atteint le doc-
torat ou tout au moins la licence d'une Faculté supérieure.

Pour compléter ces indications, il nous paraît intéressant de dire quelques mots des situations qu'occu-
cupèrent ces Boursiers Pluyette, leurs proches ou leur
postérité.

Voici, à cet égard, comment s'exprime M. Vallet de
Viriville :

« Après Jean Pluyette, trois autres membres de
« cette famille occupèrent également, au xv⁰ et au
« xvi⁰ siècles, les hautes fonctions de Recteur de l'Uni-
« versité de Paris. Ce furent Adam Pluyette, procureur
« de la nation de France en 1486 et 1489 et Recteur de
« l'Université en 1494, Guillaume Pluyette, Recteur de
« l'Université en 1515 et Aquilin Pluyette appelé à
« cette dernière charge le 10 obtobre 1537.

« La cure de Fontenay eut pour titulaires, pendant
« deux cents ans, de 1520 à 1720, une succession de pas-
« teurs nés à Fontenay et du nom de Pluyette

« Gilles Pluyette, en 1580, était procureur fiscal de la
« seigneurie de Fontenay, office qui fut rempli après
« lui par plusieurs de ses descendants.

« Un autre Gilles Pluyette, né en 1595, dirigeait
« en 1627, comme Principal, le collège de Senlis, à
« Paris.

« Un de ses parents, Germain Pluyette, à la même
« époque, fut maître du collège du Cardinal-Lemoine.

« En 1632, Adam Pluyette occupait à Fontenay la
« charge de lieutenant de bailliage.

« Divers membres de cette famille remplirent soit à
« Paris, soit dans les environs de Fontenay, des offices
« de judicature ou d'église ; d'autres exercèrent, avec
« une certaine distinction, des professions libérales,
« telles que celles de chirurgien, etc. ; d'autres, enfin,

« appliquèrent leurs lumières et leur activité, à l'agri-
« culture, au commerce ou à l'industrie (1) ».

Rappelons, pour compléter la dernière partie de cette
citation, qu'à aucun moment les membres de cette famille, toujours attachée au terroir d'Ile-de-France, ne
désertèrent la culture du sol. Parmi les boursiers
Pluyette présents au collège Louis-le-Grand au moment
de la Révolution française, se trouvaient encore des fils
et petits-fils de laboureurs.

De Fontenay-en-France et de Mesnil-Aubry, berceau
de leur famille, les neveux et arrière-neveux de Jean
Pluyette avaient essaimé dans les environs : à Gonesse,
à Luzarches, à Gagny, etc., et partout où s'implantent
de nouveaux rejetons des Pluyette, le même esprit, les
mêmes aspirations se perpétuent.

Ils sont laboureurs, instituteurs ou prêtres.

C'est ce que remarque à propos des Pluyette établis
à Gagny, M. Hustin, conseiller à la cour des Comptes,
dans une très savante étude intitulée « *Histoire d'une
commune* (2) ».

Répondant au vœu du testateur, les Boursiers Pluyette,
par eux ou leur famille, s'occupèrent de répandre, à
leur tour, le bienfait de l'instruction.

Nous avons vu qu'un neveu de Jean Pluyette lui avait
succédé comme Principal du collège des Bons-Enfans.
D'autres de ses parents y remplirent, presque sans in-
terruption, cette charge, pendant les XVIe et XVIIe siècles ;
d'autres furent investis des mêmes fonctions aux col-
lèges de Senlis et du Cardinal-Lemoine ; d'autres par-
vinrent même, ainsi que nous l'avons rappelé, aux honneurs du Rectorat.

---

(1) Vallet de Viriville, *loc. cit.* Cf. du Boulai, t. V. p. 895, t. VI, p. 916 et
920. — Lebeuf, t. V, p. 385. — Archives nationales, M. 106, *passim.* — Registres paroissiaux de Saint-Aquilin de Fontenay. . — Papiers de famille, etc,

(2) Manuscrit déposé à la préfecture de Seine-et-Oise (Archives départemen-
tales).

Indépendamment de ces postes élevés dans la hiérarchie universitaire auxquels furent promus certains d'entre eux, de très nombreux membres de cette famille se consacrèrent, dans la carrière de l'enseignement, à l'emploi modeste et dévoué d'instituteur de village.

S'inspirant, enfin, des traditions et des exemples de Jean Pluyette, d'anciens titulaires des bourses qu'il avait fondées, ou leurs descendants, n'hésitèrent pas à disposer de leur fortune en faveur d'œuvres pieuses ou d'institutions scolaires.

Il convient, à cet égard, de consacrer une mention spéciale à Gilles Pluyette qui décéda, en 1606, chanoine de l'église de Senlis et qui fit un legs important pour assurer à des écoliers pauvres de sa famille ou de son pays, le bénéfice de l'enseignement professionnel.

« Cette fondation qui subsiste encore, écrit M. Fir« min Didot (1), a été réglée par arrêt du Parlement du « 7 septembre 1761. Les distributions de ce legs ont lieu « tous les deux ans. Elles sont principalement em« ployées en livrets d'apprentissage pour des jeunes « gens de l'un ou l'autre sexe.

Non seulement Jean Pluyette s'était illustré dans la carrière de l'enseignement que suivirent nombre de ses arrière-neveux, mais encore, chrétien convaincu, il était entré dans les ordres et s'était signalé par des fondations pieuses.

Après lui, de nombreux membres de cette famille appartiennent au clergé local et y perpétuèrent les mêmes traditions de générosité, de bonté, de fondation d'œuvres pies.

Il n'est presque pas d'églises dans la partie de l'Ile-de-France qu'habitèrent les Pluyette où ne se retrouve quelque inscription lapidaire, dalle funéraire ou pierre com-

(1) « *Biographie générale* », éditée par Firmin Didot.

mémorative, rendant témoignage de leur piété et de leurs fondations charitables.

M. de Guilhermy, dans son ouvrage : *Inscriptions de la France* (1) » relève notamment les suivantes : dans l'église de Goussainville, celle concernant Louise Pluyette, épouse de Jean Guérin, cultivateur : dans l'église de Roissy-en-France, celle concernant Gabriel Pluyette, marchand laboureur ; dans l'église de Châtenay-en-France, celle concernant Anthoine Pluyette, procureur fiscal et receveur de la seigneurie de Châtenay ; dans l'église de Puiseux-en-France celle concernant Anne Pluyette, épouse de Nicolas Gillenault, laboureur ; dans l'église d'Epiais, celle concernant Nicolas Pluyette, en son vivant curé de cette paroisse ; et, surtout dans l'église de Fontenay-en-France, paroisse qui était le berceau de la famille Pluyette, celles concernant Jean Pluyette, ainsi que Charles et Germain Pluyette, ces deux derniers curés de Fontenay.

Elles relatent, toutes, des dons et legs, destinés notamment à assurer des fondations de messes pour le repos de l'âme des donateurs et des âmes « de leurs « parents et amys trespassez ».

Elles témoignent aussi de la bonté charitable de ces donateurs.

« Ces inscriptions nous font connaître, dit M. de Guil- « hermy, quel rang honorable la famille Pluyette tenait « à Fontenay et dans les paroisses voisines et combien « les traditions de piété et de charité se perpétuaient « parmi ses membres de génération en génération. »

Nous croyons, à cet égard, devoir reproduire une partie de l'inscription qui figure sur la pierre tombale de Charles Pluyette. Les paroissiens de Fontenay y rappellent le dévouement charitable de leur pasteur

(1) De Guilhermy, *Inscriptions de la France*, t. II, p. 197, 502, 503, 561, 562. 576, 577, 596, 635, 636, 637.

qui « décéda, le 14 juin 1694, après avoir employé son
« bien et ses soins au soulagement des pauvres et des
« malades qu'un mal contagieux (1) emporta, au nombre
« de trois cents, en cette paroisse, pendant ladite
« année. »

Quant à l'inscription concernant Germain Pluyetté,
elle est on ne peut plus touchante et nous croyons devoir
la transcrire intégralement :

« 1660.

« Cy-gist Germain Pluyette, théologien,
« fils de Gilles Pluyette, vivant Procureur fis-
« cal de ce Bailliage, et de Catherine Hamelin,
« lequel ayant élevé les enfans des plus consi-
« dérables familles de Paris et soutenu avec
« estime plusieurs charges et particulièrement
« de Principal en l'Université d'icelle ville, a
« été choisy par M. Vincent Marchant, docteur
« de Sorbonne, curé lors, pour son successeur
« en cette paroisse, estant informé que plu-
« sieurs de ses devanciers, portant le nom de
« Pluyette, l'avait gouvernée dignement, au
« grand contentement et édification des sei-
« gneurs et des peuples, par l'espace de plus
« de 200 ans. Aussi luy se souvenant du choix
« qu'on avait fait de sa personne, il a imité
« plusieurs curés de son nom tant à Paris et
« autres villes qu'à la campagne et inspiré à
« ses oailles les vertus de piété, douceur, affa-
« bilité et charité qui lui étaient naturelles,
« durant 36 ans entiers ; et, enfin, après des
« emplois si crestiens, âgé de 78 ans, il passa

---

(1) Il s'agit de l'épidémie de grippe infectieuse dont Mᵐᵉ de Sévigné parle dans
ses lettres. Cette épidémie fut très meurtrière.

« de ce monde pour le Ciel, regretté d'un
« chacun, le 12ᵉ Janvier 1660.

   « Priez Dieu pour son âme. »

Comme Jean Pluyette, Germain Pluyette avait demandé que ses restes mortels reposassent sous une simple pierre, au bas du maître-autel, dans le chœur de son église. Il n'avait pas voulu qu'on lui élevât dans la nef un pompeux monument funéraire.

Ainsi l'influence de l'ancien Recteur de l'Université de Paris se perpétuait, chez ses arrière-neveux, non moins par les exemples de sa vie que par la fondation des Bourses au collège des Bons-Enfans.

Ces Bourses constituaient d'ailleurs, au profit des arrière-neveux du testateur, un véritable « majorat d'instruction » qui avait acquis, vers 1789, une importance considérable.

Les revenus des biens de la fondation Pluyette s'élevaient alors à plus de neuf mille livres, et leur accroissement progressif avait permis de porter de deux à quatre le nombre des Bourses dont ces revenus devaient assurer l'entretien. Le Conseil d'administration de Louis-le-Grand venait même d'autoriser la création d'une cinquième place de Boursier.

A ce moment se produisit la Révolution de 1789.

La confiscation dite des biens nationaux allait, quelques années après, anéantir, au mépris des droits les plus incontestables et d'une possession trois fois séculaire, la fondation de Jean Pluyette.

CHAPITRE VI

Ce qui advint du collège des Bons-Enfans et de
la Fondation Pluyette, depuis la Révolution
de 1789.

Les réformateurs de la Révolution, transportant dans
le domaine législatif le système philosophique de la
table rase, crurent nécessaire de commencer par dé-
truire les institutions de l'ancien Régime pour reconstituer ensuite, de toutes pièces, une Société nouvelle.

Une des premières et plus formidables poussées de
destruction, celle, en tous cas, qui laissa les traces les
plus profondes, fut la confiscation des biens dits nationaux, ainsi dénommés parce qu'on les destinait à être
vendus au profit de la nation.

La confiscation portait sur les biens de la couronne,
sur les apanages, sur les biens du clergé, des communautés, des ordres religieux : hospitaliers, contemplatifs
ou enseignants, des séminaires, des collèges, etc., plus
tard, sur les biens des émigrés.

Au point de vue financier, cette mainmise sur le patrimoine de la majeure partie des classes ou collectivités
possédantes avait paru fournir la possibilité de créer
des *assignats,* c'est-à-dire des cédules auxquelles on
affectait ou assignait comme gage les biens nationaux
eux-mêmes. On s'imaginait que l'émission par l'Etat de
ce papier-monnaie permettrait de conjurer la « hideuse
banqueroute ».

Les mesures relatives aux biens nationaux, les détails
de leur application, les amendements que la pratique
rendait nécessaires, se succédèrent hâtivement, fiévreu-

sement, dans une éclosion ininterrompue et confuse de textes législatifs.

La loi de 1790 qui organisa la confiscation et la vente des biens nationaux avait soulevé de si vives et de si légitimes protestations que, quelques mois après, à la date des 22-28 octobre 1790, un décret de l'Assemblée nationale dut en ajourner ou en restreindre certaines dispositions.

L'art. III de ce décret stipulait notamment ce qui suit :

« Ne seront pas vendus..... les biens servant de dota-
« tion *aux fondations faites pour subvenir à l'éducation*
« *des parents des fondateurs,* qui ont été conservés par
« les art. XXIII et XXVI du décret du 12 juillet dernier
« sur la constitution civile du clergé. »

Ce texte semblait devoir sauver de la confiscation les biens de la fondation Pluyette.

Les Boursiers continuèrent à résider à Louis-le-Grand.

Comme par la passé, les marguilliers de Mesnil-Aubry et de Fontenay s'occupèrent de pourvoir aux vacances qui se produisaient dans les bourses Pluyette, par suite de la démission des titulaires.

C'est ainsi qu'aux termes de délibérations reçues par Mᶜ Antheaume, notaire à Ecouen, les marguilliers présentèrent comme boursiers, savoir :

Le 10 juin 1792, Antoine-Étienne Pluyette, en remplacement de son frère Philippe Pluyette ;

Le 11 juin 1792, Auguste-Philippe-Hilaire Duverger de Villeneuve, cousin germain de Philippe et d'Antoine-Etienne Pluyette, en remplacement de Jean-Charles Pluyette du Perron ;

Le 18 juin 1792, Louis-Abel Le Flamand en remplacement de son frère Claude Le Flamand.

Ce furent les dernières délibérations prises par les marguilliers de Mesnil-Aubry et de Fontenay en leur qualité d'exécuteurs testamentaires perpétuels de Jean Pluyette. Bientôt les conseils de fabrique allaient être supprimés ou dispersés. La collation des bourses n'appartenait plus déjà à l'Archevêque de Paris et avait été transférée au « Directoire du département ».

Par décisions en date des 19 et 22 juillet 1792, le Directoire ratifia les désignations faites par les marguilliers de Mesnil-Aubry et de Fontenay, et les trois nouveaux boursiers furent admis au collège Louis-le-Grand.

C'est dans des conditions toutes particulières que s'était produite la vacance ayant amené la nomination comme boursier du jeune Louis-Abel Le Flamand.

A cette époque, faisant diversion aux luttes intérieures, l'invasion étrangère avait surexcité le sentiment national.

Le frère aîné de Louis-Abel Le Flamand, Claude Le Flamand, alors âgé de 18 ans et élève de philosophie, avait donné sa démission de boursier pour s'enrôler au service de la patrie. Son exemple fut suivi par dix autres élèves de philosophie qui prirent les armes et allèrent se battre à la frontière.

Le nom de ces onze élèves de Louis-le-Grand fut inséré dans un décret spécial, rendu le 3 août 1792 par l'Assemblée nationale et dont il est intéressant de reproduire le dispositif :

« ... décrète : que lesdits élèves et tous ceux qui se
« trouvant dans le même cas, voudront imiter leur gé-
« néreux exemple, conserveront leur bourse, en allant
« servir sur les frontières, pour tout le temps pendant
« lequel ils en auraient joui s'ils eussent préféré de rester
« à Paris. »

Cependant, quelques jours après, une loi du 18 août 1792, semblait mettre implicitement en question l'existence desdites bourses. Cette loi qui décidait la mise en vente des biens des collèges portait, en son article VI, la disposition suivante :

« Les bourses ou places gratuites fondées, soit dans « les collèges, soit dans les maisons de congrégations de « filles, seront conservées *provisoirement* aux individus « de l'un ou l'autre sexe qui en jouissent ; mais, il sera « sursis à la nomination de celles de ces places qui se « trouveraient vacantes à l'époque du présent décret. »

En 1793, les événements graves se précipitent. Les mesures de confiscation augmentent.

Le 22 mars 1793, la Convention nationale avait bien décrété à nouveau que : « Les élèves pensionnaires « boursiers qui se rendront aux frontières pour la dé-« fense de la Liberté conserveront pendant la guerre le « produit de leurs bourses et reprendront également « leurs places à la paix, s'il y a lieu. »

Mais, le 8 du même mois, était intervenue une loi dont l'art. 1er était ainsi conçu : « *Les biens formant la dota-« tion des collèges, des bourses, et de tous établisse-« ments d'instruction publique français, seront, dès à « présent, vendus dans la même forme et aux mêmes « conditions que les autres domaines de la République* « (biens nationaux). »

Il n'était fait d'exception que pour les bâtiments à usage scolaire.

C'était donc la spoliation non déguisée de toutes les fondations privées.

La loi du 5 mai 1793 vint, du reste, stipuler en son art. IV que : « Tous les modes suivant lesquels il avait « été, jusque là, pourvu aux bourses dans les collèges « sont abrogés. » — Le droit d'allouer des bourses, c'est-à-dire des places gratuites dans les établissements d'instruction publique, était désormais transféré aux Directoires des Départements.

Ainsi, moins d'un an s'était écoulé depuis qu'un décret de l'Assemblée nationale avait garanti le maintien intégral de leurs droits au jeune boursier Pluyette et aux autres élèves-boursiers de Louis-le-Grand qui, à peine âgés de 18 ans, étaient courageusement allés se battre pour la défense du territoire ! Et, c'est en leur absence, sans les prévenir, que la Convention nationale procédait à la confiscation et à la vente des biens de leurs fondations, biens sans lesquels les bourses ne pouvaient plus être entretenues ; — ce qui rendait dès lors, le titre de boursier absolument illusoire.

Voici, en ce qui concerne les biens de la fondation Pluyette, le détail de ces exécutions. La plupart des procès-verbaux de ces ventes existent encore aux Archives de l'administration des Domaines.

Le préambule en est assez curieux à citer comme spécimen du formulaire usité à cette époque :

« Le... an II de la République une et indivisible,
« nous..... administrateur du Département de Paris,
« chargé de remplir les fonctions de Prévost, réunies
« au Département, par l'art. XI de la section III de la
« loi du 14 Frimaire sur le mode de gouvernement
« provisoire et révolutionnaire, pour la vente des biens
« nationaux ci-devant ecclésiastiques, domaine du
« Tyran, collèges, ordres et autres corporations laïques
« ou ecclésiastiques supprimées, nous sommes trans-
« porté dans la grande salle de la maison commune, etc. »

C'est dans ces conditions que les biens légués par Jean Pluyette pour l'entretien des bourses qu'il fondait furent l'objet des ventes ci-après :

Le 6 nivôse an II, la maison sise rue des Fossés-Saint-Bernard, n°⁵ 5 et 6, occupant une superficie de 222 toises 1/2 14 pieds (1), fut adjugée à un sieur Col-

---

(1) La toise contenait 6 pieds et représente 1 m. 919

leau, qui fit déclaration de command
au profit d'un sieur Bois-Chevalier demeurant rue Pavée, 5, section des ma-
rais, pour le prix de................... 39.500 liv.

Le 26 ventôse an II, la maison sise rue des
Fossés-Saint-Bernard, n° 4, contenant
un jardin avec « 6 grands ormes, plates-
« bandes de fleurs et pied d'estal au
« milieu », d'une contenance de 170
toises 1/2, fut adjugée à un sieur Nive-
leau qui déclara command au profit du
sieur Bouillette demeurant boulevard
de l'Hôpital, 2, section du Finistère.
L'adjudication eut lieu au prix de..... 125.400 liv.

Le 9 germinal an II, la maison sise rue
Saint-Victor, n° 38, comprenant un
corps de logis de 3 étages carrés au-
dessus du rez-de-chaussée avec 4e lam-
brissé et un autre bâtiment en aile
de 2 étages faisant retour rue de Versailles, le tout d'une contenance de
505 toises 1/2 8 pieds, fut adjugée au
citoyen Théry, vinaigrier, demeurant à
Paris, rue et section de la Fraternité.
Le prix de l'adjudication fut de....... 60.100 liv.

Le 9 germinal an II, fut adjugée, au
citoyen Lachaise, la maison sise rue
Saint-Victor, 39, au prix de.......... 31.100 liv.

Le 29 germinal an II, fut adjugée, au
citoyen Hennuyer, la maison sise rue
Saint-Victor, 40, pour le prix de....... 59.600 liv.

Le 29 floréal an II, fut adjugée, au citoyen
Morel, la maison sise rue Saint-Victor,
nos 1067 et 1066, pour................ 35.100 liv.

A reporter. 350.800 liv.

Report. 350.800 liv.

Le 18 frimaire an III, fut adjugée, au citoyen Lachaise, la maison sise à l'angle
de la rue Saint-Victor et de la rue de
Versailles, au prix de............... 44.400 liv.

Le 8 pluviôse an III, fut adjugée, à un
sieur Langlois, la maison sise à l'angle
de la rue Saint-Victor et de la rue
d'Arras portant, sur la rue Saint-Victor,
les n⁰ˢ 950 et 960, pour.............. 58.400 liv.

Total.............. 453.600 liv.

Parmi les clauses du cahier des charges générales et particulières, sur le vu duquel intervinrent les adjudications, il en est deux qui appellent une mention spéciale.

D'une part, il était stipulé que, par le fait seul de la vente de ces immeubles, à titre de biens nationaux, toutes les inscriptions d'hypothèques ou de droits réels se trouveraient purgées et radiées de plein droit.

C'est ainsi que se trouva supprimée purement et simplement l'affectation hypothécaire de ces biens à l'entretien des bourses Pluyette.

Cette clause, déjà signalée dans différentes études parues au sujet des biens nationaux, est généralement connue.

Mais, il en est une autre dont on a moins souvent parlé et dont nous croyons cependant intéressant de reproduire le texte intégral.

Elle figurait sous le n° 4 des clauses et conditions générales et était ainsi conçue :

« L'adjudicataire ne pourra payer le prix de son
« adjudication qu'en argent OU EN ASSIGNATS, con-
« formément à la loi du 1ᵉʳ juillet 1792. »

Il n'est pas douteux que les acquéreurs n'aient usé de la faculté qui leur était ainsi ouverte de se libérer du prix d'adjudication en payant *en assignats*.

A cette époque, d'ailleurs, le numéraire était rare (1) ; tandis que le papier-monnaie, avili et déprécié, que l'Etat reprenait au pair, pouvait être facilement obtenu dans le public à 20 °/₀ de sa valeur nominale.

Aussi, le prix de 453.600 liv. pour lequel le Domaine avait fait vendre les biens de la fondation Pluyette, ne représentait-il, *payé en assignats,* qu'une valeur effective de 90.720 liv. au plus.

Ces mêmes biens vaudraient aujourd'hui, comme terrain seul, plus de 2.500.000 francs (2).

Ces mesures de spoliation ne paraissent avoir été portées alors à la connaissance ni des boursiers Pluyette ni de l'administration du collège Louis-le-Grand !

En l'an IV, Étienne Pluyette avait imité l'exemple précédemment donné par l'autre boursier Pluyette, Claude Le Flamand, et avait quitté les bancs du collège pour aller se battre à la frontière.

Il signa son enrôlement dans le régiment des « Grenadiers du Corps législatif » ; et, les administrateurs de Louis-le-Grand prirent une délibération pour lui garantir qu'en son absence on le créditerait des revenus

(1) Un décret du 24 août 1793 avait supprimé les caisses d'escompte. Un autre décret du 17 vendémiaire an II avait supprimé toutes les Compagnies financières et défendu aux banquiers et négociants de former aucun établissement de ce genre !

(2) Les biens de la fondation Pluyette fournissent un exemple des fluctuations de valeur qu'a subies le sol parisien, suivant que le pays tout entier traversait des périodes de calme ou des heures troublées.

Au xv⁰ siècle, après les calamités de la guerre de Cent Ans, la valeur du terrain à Paris était nulle ou à peu près. Le mètre carré de ce terrain ne valait pas 1 centime de notre monnaie.

En 1763, les biens de la fondation Pluyette étaient estimés plus de 300.000 livres et l'on peut, dans ce total, ventiler la valeur du terrain à plus de 10 livres par mètre carré.

En 1793, pendant la Terreur, ces biens sont vendus comme biens nationaux ; et le taux d'aliénation correspond à 1 franc à peine par mètre carré, en tant que valeur du sol.

Aujourd'hui, le prix du mètre carré de terrain dépasse 225 francs, pour lesdits immeubles. Leur contenance totale qui atteignait 10.000 mètres carrés représenterait donc, actuellement, plus de 2.500.000 francs.

de sa bourse dont il retrouverait le bénéfice à son retour. — Or, les biens qui alimentaient cette bourse se trouvaient précisément, à cette date, avoir été confisqués et vendus !

Cependant, la Révolution, après avoir fermé les églises pour les convertir en casernes, supprima les collèges pour les transformer en maisons d'arrêt. — La loi du 7 ventôse an III avait édicté, à cet égard, les dispositions suivantes :

« ART. III. — ... Tous les anciens établissements con-
« sacrés à l'instruction publique, sous le nom de
« collèges, et salariés par la nation, sont et demeurent
« supprimés dans toute l'étendue de la République.

« ART. IV. — ... Le Comité de l'instruction publique
« fera un rapport sur les monuments et établissements
« déjà consacrés à l'enseignement public des sciences
« et des arts, comme le Jardin des Plantes, les cabinets
« d'Histoire naturelle, les terrains destinés à des essais
« de culture, les Observatoires, les Sociétés de savans
« et artistes, qu'il serait bon de conserver dans le nou-
« veau plan d'instruction nationale. »

Le collège Louis-le-Grand fut à peu près le seul à échapper à la proscription qui venait ainsi atteindre les établissements d'instruction publique. On estima qu'il était aussi digne d'être conservé que « les terrains destinés à des essais de culture » ! Seulement, on le débaptisa : il devint « l'Institut des Boursiers de l'Egalité ».

Du reste, une partie de ce collège n'en était pas moins destinée à être convertie en maison d'arrêt ; et un architecte avait été délégué par le Directoire de la Seine pour surveiller cette transformation. Il fallut tous les efforts et tout le dévouement du Proviseur, le citoyen Champagne, pour maintenir à peu près intact le vieux collège et y sauvegarder les traditions scolaires.

Cependant, la vaste opération de confiscation et de vente des biens dits nationaux avait été un palliatif insuffisant aux embarras des Finances publiques. A peine Cambon avait-il fait ouvrir le Grand Livre de la Dette nationale qu'il fallut y inscrire, sous le nom de Tiers consolidé, l'aveu de la banqueroute partielle de l'Etat au regard de ses créanciers.

La vente des biens nationaux n'en continuait pas moins, prenant chaque jour davantage les caractères d'une énorme et scandaleuse spéculation. Une bande noire de marchands de biens achetait, à vil prix, châteaux, cloîtres, églises, communautés, les démolissant pour en retirer le prix des matériaux, coupant bois et futaies et revendant le terrain nu avec un bénéfice assuré. Mais la destruction de tant d'édifices qui étaient souvent des merveilles d'architecture, l'anéantissement de maints objets précieux, chefs-d'œuvre d'orfèvrerie, que l'on envoyait à la fonte pour en extraire et en revendre le métal brut, tant d'actes de vandalisme au milieu desquels disparurent objets d'arts, tableaux, parchemins, documents historiques, firent perdre à la fortune publique en France, sans profit réel pour personne, des centaines de millions.

D'autre part, la confiscation des biens des communautés hospitalières avait amené la suppression de ces nombreux asiles où *chemineaux* et pauvres gens étaient assurés de trouver le vivre et le couvert, les soins en cas de maladie, les consolations religieuses au lit de mort. Si l'administration de ces hospices n'était pas toujours uniforme ni bien entendue, les services rendus n'en étaient pas moins immenses. Au fur et à mesure de la suppression desdites maisons hospitalières, l'insécurité des routes augmenta. Des bandes de vagabonds ou de « miséreux » privés de leurs asiles ordinaires, erraient dans les campagnes, pillant les fermes isolées ou rançonnant les voyageurs.

En présence des doléances qui s'élevaient de tous côtés, il fallut arrêter la vente des biens des hospices et établissements de bienfaisance et essayer même de reconstituer en leurs mains le patrimoine dont on les avait spoliés.

Tel fut l'objet des lois des 2 brumaire an IV et 16 vendémiaire an V.

L'art. 5 de cette dernière loi était ainsi conçu :

« Les hospices civils sont conservés dans la jouis-
« sance de leurs biens... »

Et l'article 6 contenait la disposition suivante :

« Ceux desdits biens qui ont été vendus en vertu de
« la loi du 23 messidor, qui est définitivement rapportée,
« par les présentes, en ce qui concerne les hospices
« civils, leur seront remplacés en biens nationaux du
« même produit suivant le monde réglé ci-après. »

Enfin l'art. 10 stipulait ce qui suit :

« Jusqu'à ce que cette remise soit effectuée, il sera
« payé auxdits hospices une somme égale à celle que
« leur produisaient, en 1790, leurs biens vendus. »

On s'avisa alors que des motifs d'un autre ordre, mais tout aussi sérieux et respectables, militaient en faveur de la suspension de la vente des biens qui appartenaient aux collèges et fondations universitaires, et qu'il était de toute justice de procéder au rétablissement des biens aliénés.

C'est ce que décida la loi du 25 messidor an V, dont il est intéressant de reproduire le texte *in extenso* :

« Le Conseil des Cinq-Cents, après avoir entendu le rapport d'une commission spéciale chargée d'examiner
« *les pétitions des boursiers des ci-devant collèges de*
« *Paris.*

« Considérant qu'il importe de prendre tous les

« moyens de *rétablir l'instruction publique en France ;*
« qu'un des moyens les plus efficaces est de *rendre*
« *promptement aux titulaires des bourses la jouissance*
« *des biens dont ils étaient dotés et que la justice et l'hu-*
« *manité concourent à réclamer ;*

« Considérant que la loi du 2 brumaire qui suspend
« la vente des biens des établissements de bienfaisance
« leur est applicable, soit que l'on considère les titres de
« fondation, soit que l'on considère l'emploi du revenu
« des fonds jusqu'à l'époque de la Révolution.

« Arrête qu'il y a urgence et prend la résolution sui-
« vante :

Art. I

« Les dispositions de la loi du 16 vendémiaire an V,
« qui conserve les hospices civils dans la jouissance de
« leurs biens, sont déclarées communes aux biens affectés
« aux fondations dans tous les ci-devant collèges de la
« République.

Art. II

« La présente loi sera imprimée, publiée... »

Ce texte de loi fut complété par un arrêté du Directoire exécutif en date du 13 messidor an VI (2 juillet
1798) ainsi conçu :

« Le Directoire exécutif, considérant que la loi du
« 25 messidor an V ayant rétabli les bourses des ci-
« devants collèges dans la jouissance des biens qui leur
« étaient affectés, il importe de fixer le mode de leur
« administration, et que tout délai apporté à cette orga-
« nisation peut compromettre les intérêts de l'instruc-
« tion publique, arrête que les bourses fondées dans les
« ci-devant collèges de Paris seront réunies à l'Institut
« central des boursiers et que les biens de ces fonda-
« tions seront régis par une administration unique et
« centrale, composée de cinq membres et d'un agent
« comptable. »

Cette administration fut installée, le 13 thermidor an VI, par le ministre de l'Intérieur, François de Neuf-château ; et, ce fut lui qui, dans le discours qu'il prononça à cette occasion, substitua le nom de *Prytanée français* à ceux de *Collège Egalité* et d'*Institut central des Boursiers de l'Egalité* qu'à la suite de débaptisations successives, portait en dernier lieu le collège Louis-le-Grand.

§ II

Depuis tant d'années que se poursuivait l'opération de spoliation dite des biens nationaux, la loi du 25 messidor an V apparaissait « comme la première aurore d'un système réparateur (1) ».

La commission administrative instituée par l'arrêté du Directoire du 13 messidor an VI se mit immédiatement à l'œuvre.

A l'exemple de ce qui avait lieu autrefois pour l'administration des bourses de l'ancien collège Louis-le-Grand, les cinq administrateurs composant la commission furent choisis parmi les membres les plus élevés de la magistrature et des finances. Leurs fonctions étaient gratuites et volontaires. La commission était présidée par M. Abrial, alors premier président de la Cour de cassation.

La tâche de la Commission consistait à procéder à l'inventaire des bourses ainsi rattachées au Prytanée et à prendre les mesures de sauvegarde et de reconstitution du patrimoine des boursiers.

Le rapport fait au Conseil des Cinq-Cents par Portiez de l'Oise, le 15 messidor an VI, ainsi que celui présenté par Quatremère, le 9 fructidor suivant (2), venaient à cet égard fournir les renseignements les plus documentés.

(1) Baron Silvestre de Sacy : Rapport présenté à la Chambre du Pairs, le 27 mars 1831, sur la pétition des boursiers Pluyette. (*Moniteur* du 28 mars 1834).
(2) Les rapports de Portiez de l'Oise et de Quatremère, ainsi que les tableaux annexes, sont insérés au vol. E, III, n° 1116, Bibliothèque de la Chambre des Députés.

Il résultait de ces rapports que les bourses des anciens collèges de Paris se subdivisaient en :

Bourses libres, celles dont la nomination appartenait à l'administration du collège ou à quelque grand dignitaire.

Bourses au concours, qui profitaient à quelques écoliers pauvres mais studieux :

Bourses provinciales, diocésaines ou urbaines, ces bourses étaient les plus nombreuses. Elles étaient dévolues à des candidats originaires de certaines localités. Plusieurs collèges chargés de ces fondations en avaient pris leur dénomination, tels que ceux *d'Autun*, de *Beauvais*, de *Laon*, de *Reims*, de *Narbonne*, de *Bayeux*, d'*Amiens*, d'*Arras*, de *Lisieux*, de *Soissons* et autres.

Bourses de familles, celles qui étaient spécialement affectées aux membres de la famille des fondateurs.

La collation des bourses, autrefois dévolue aux autorités locales, civiles ou ecclésiastiques, appartenait, en l'an VI, au ministre de l'Intérieur, du département duquel ressortissait l'instruction publique.

Suivant le rapport de Portiez de l'Oise, le total des bourses de toute nature existant dans les collèges de Paris dits de plein exercice, au moment de la Révolution, était de 814, dont 520 pour le seul collège Louis-le-Grand, et le revenu afférent à toutes ces fondations atteignait alors le chiffre de 844.010 liv. 14 sols 10 deniers (1).

(1) Etat annexé au rapport de Portiez de l'Oise :

NOMS DES COLLÈGES	NOMBRE DES BOURSIERS	REVENUS	BOURSES LIBRES	
Cardinal-Lemoine	24	30 740 l. 11 s. 6 d.		
Grassins	11	6 478 — 8 —		
Harcourt	52	43 758 — 1 — 9 —		
La Marche	35	35 390 — 5 — 1 —	Montaigu	30
Lisieux	20	35 652 — 15 — 1 —	Navarre	20
Mazarin	32	126 551 — 19 —	Plessis	8
Montaigu	70	47 305 — 7 — 11 —	Louis-le-Grand	107
Navarre	41	39 796 — 11 — 6 —		
Plessis	10	13 642 — 17 — 1 —		
Louis-le-Grand avec les petits collèges y réunis.	520	465 693 — 17 — 11 —		
Totaux :	814	844.010 l. 11 s. 10 d.		

En l'an VI, par suite de la réduction au tiers consolidé des rentes sur l'Etat qui servaient de gage à un certain nombre de ces fondations, de la confiscation des biens fonciers sur lesquels la plupart des autres bourses étaient constituées et de la vente de la majeure partie d'entre eux, le revenu de toutes ces dotations de bourses ne se montait plus qu'à 256.666 liv.

D'après Portiez de l'Oise, ce chiffre se décomposait ainsi :

Produits d'immeubles dans Paris	160.000 fr.
Rentes sur l'Etat en tiers consolidé . . .	86.666 »
Produits des domaines ruraux.	10.000 »
Total égal.	256.666 »

L'administration du Prytanée se préoccupa tout d'abord de prendre possession de ces 256.666 livres de rente (1). Elle dut ensuite déterminer, aussi exactement que possible, quel était le nombre des ayants droit aux bourses des ci-devant collèges, lesquelles, défalcation faite de toutes les causes de réduction, caducité ou péremption, pouvaient être considérées comme étant encore en vigueur.

Le nombre parut devoir en dépasser 450 (2). Or, en calculant à 600 francs en moyenne la dépense annuelle d'un boursier, on atteignait ainsi le chiffre de 270.000 fr., somme supérieure au revenu de 256.666 que produisait encore la portion non vendue, restée aux mains de l'Etat, des anciennes fondations de bourses confisquées comme biens nationaux.

La commission administrative du Prytanée était donc

---

(1) Un arrêté de l'administration centrale du Département de la Seine en date du 29 messidor an VIII décide « que la restitution à faire au Prytanée doit partir de la loi du 16 vendémiaire an V ».

(2 Rapport de M. Portiez de l'Oise du 9 floréal an VI. — Registres du Prytanée, cotés et paraphés par M. Abrial, président du conseil d'administration (*Archives nationales*, section historique, série M, n° 210.)

amenée à poursuivre, à due concurrence, le remplacement en biens nationaux de même nature et même produit, ou en rentes sur l'Etat, de la portion aliénée du patrimoine des anciens boursiers.

C'est notamment à propos de la fondation Pluyette que cette question de remplacement se posa.

Nous avons dit que l'un des boursiers, Etienne Pluyette, qui s'était enrôlé dans les armées de la République, avait obtenu, de l'administration de Louis-le-Grand, l'engagement qu'on le créditerait des revenus de sa bourse, pendant son séjour sous les drapeaux, et qu'à son retour il serait maintenu dans les droits afférents à ladite bourse.

Le 1ᵉʳ vendémiaire an VII, Etienne Pluyette, ayant quitté le service militaire, se fit régler des trois années de revenu dont on l'avait crédité et donna sa démission de boursier en faveur de son jeune parent Alexandre Duverger de Villeneuve, dont un frère était déjà boursier à Louis-le-Grand.

A cette époque la collation des bourses appartenait au ministre de l'Intérieur. Mais, avant de statuer sur la nomination du jeune Duverger de Villeneuve, le ministre avait demandé au Prytanée des renseignements au sujet de la fondation Pluyette et des ressources qui pouvaient encore permettre de faire face à l'entretien de ces bourses.

C'est en réponse à ce questionnaire que les administrateurs du Prytanée adressèrent au ministre le rapport suivant :

« Paris, le 13 frimaire an VII.

« Citoyen ministre,

« Par son testament du 4 septembre 1478, Jean
« Pluyette fonda, dans le collège des Bons-Enfans dont
« il était alors Principal, deux bourses en faveur de ses

« parents. *Cette fondation n'a éprouvé aucune interrup-*
« *tion depuis cette époque ;* et il y a eu constamment,
« soit dans le collège des Bons-Enfans, soit dans celui
« de l'Egalité, deux bourses remplies par les parents de
« ce fondateur.

« Pour la dotation de ces deux bourses, Jean Pluyette
« légua huit maisons situées à Paris rue Victor et aux
« environs, qui, déduction faite des charges, produi-
« saient, en 1793, un revenu de sept à huit mille francs.
« Cette riche donation avait déterminé l'ancienne admi-
« nistration de cet établissement à accorder, il y a près
« de quinze années, à la famille Pluyette, la faculté
« d'avoir deux boursiers surnuméraires.

« *Ces huit maisons ont été aliénées dans l'intervalle*
« *pendant lequel les biens des collèges ont été rangés*
« *dans la classe des domaines nationaux ; et nous les*
« *avons comprises dans l'état des biens appartenant au*
« *Prytanée dans le Département de la Seine qui ont été*
« *vendus et dont nous sollicitons le remplacement.* C'est
« donc de l'effet de ce remplacement que dépendra le
« revenu futur de la fondation Pluyette.

« Au surplus cette fondation était le seul objet pro-
« ductif de l'ancien collège des Bons-Enfans, et l'on
« peut regarder comme une dépendance de cette dota-
« tion *les bâtiments de l'ancien emplacement du collège,*
« *dont le Prytanée est en possession* et qui ont été cons-
« truits et réparés avec les économies faites sur les re-
« venus de la fondation Pluyette.

« Lorsque les deux boursiers surnuméraires ont quitté
« le Prytanée, ils n'ont pas été remplacés ; mais les
« deux de l'ancienne fondation y sont restés et c'est
« d'une de ces deux places que le citoyen Etienne
« Pluyette vient de donner sa démission. *Les pensions*
« *de ces deux élèves ont été prises sur la subvention ac-*
« *cordée au Prytanée sur le Trésor public.*

« Tels sont, citoyen ministre. les renseignements que
« nous pouvons vous donner sur la pétition que vous a
« présentée le citoyen Duverger-Devilleneuve et que
« vous nous avez communiquée par votre lettre du 29
« du mois dernier. »

Il résultait de ce rapport :

1° Que l'Etat, après sa mainmise sur les biens de la
fondation ou sur le prix de vente qui en était la repré-
sentation avait cru devoir prendre provisoirement à sa
charge l'entretien des bourses ;

2° Que le Prytanée se considérait comme *étant en
possession des bâtiments non aliénés de l'ancien collège
des Bons-Enfans :*

3° *Qu'il poursuivait le remplacement des biens de la
fondation qui avaient été vendus.*

En présence de ces constatations le ministre de l'Intérieur n'hésita pas à signer la nomination, comme boursier, du jeune Alexandre Duverger de Villeneuve et il
en avisa officiellement le père du candidat par la dé-
pêche suivante :

« Paris, le 20 frimaire an VII.

« Citoyen, vous trouverez ci-joint l'acte de nomina-
« tion d'Alexandre-Charles, votre fils, à la place d'élève
« du Prytanée, fondée par Jean Pluyette, dont vos en-
« fants sont parents par leur mère, et que l'administra-
« tion du Prytanée certifie vacante par la démission
« d'Etienne Pluyette, dernier titulaire de cette place.
« Vous le présenterez au citoyen Champagne qui le fera
« jouir des avantages attachés à son nouveau titre.
« J'aime à croire que vos deux fils qui se trouvent réunis
« dans le même établissement profiteront de l'éducation
« républicaine dans le centre de laquelle ils sont placés.
« Salut et fraternité.

« (Signé) François de Neufchateau. »

Cet acte consacrait donc, de la façon la plus explicite, les droits des boursiers Pluyette *aux places fondées par Jean Pluyette.*

Les droits dont il s'agit paraissaient, d'ailleurs, absolument garantis. Ils avaient pour gage non seulement le remploi en biens nationaux ou titres de rente que poursuivait l'administration du Prytanée, pour tenir lieu des biens de la fondation aliénées, mais encore les bâtiments mêmes du collège, dont le Prytanée avait repris possession.

Il ne faut pas perdre de vue, en effet, que tout l'actif du collège des Bons-Enfans avait été hypothécairement affecté à l'entretien des bourses Pluyette.

Cela nous amène à rechercher ce qui était advenu de cet antique collège depuis la Révolution. La Congrégation des Prêtres de la Mission ou Lazaristes n'avait pas tardé à en être expulsée. Les bâtiments avaient été confisqués comme biens nationaux et convertis en prisons. Des prêtres non assermentés et de nombreux « suspects » y étaient entassés lors des événements de septembre 1792 et y furent massacrés (1).

En l'an IV, le Domaine avait mis en vente l'ancienne chapelle du collège que les Lazaristes avaient agrandie et ornée de nombreuses œuvres d'art. Elle fut adjugée, pour le prix des matériaux, à un entrepreneur nommé Mignon qui se trouva acquérir, à peu près sans bourse délier, 9 ares 83 mètres de terrain qu'occupait la chapelle avec ses dépendances.

Aux termes d'une délimitation faite en vertu d'une décision de l'Administration centrale du Département de la Seine, la partie des bâtiments, cours et jardin de l'ancien collège, non comprise dans l'adjudication de

____

(1) « 92 prêtres y étaient enfermés, dit Hoffbauer *(Paris à travers les âges,*
« t. II. *Petit Châtelet,* p. 28) ; 15 prêtres furent sauvés ; 77 précipités par les
« fenêtres, assommés à coups de bûche ou égorgés, succombèrent sous la férocité
« d'ignobles assassins. »

l'an IV, représentait une superficie de 2.228 mètres carrés.

C'est de ces « terrains et bâtiments non encore aliénés, « dépendant du ci-devant collège des Bons-Enfans », que le Prytanée fut, en l'an VII, définitivement envoyé en possession.

Cette dernière épave représenterait à elle seule, aujourd'hui, comme valeur de terrain, un capital de plus de 400.000 francs. Elle suffisait amplement, en l'an VII, à gager l'entretien des deux bourses Pluyette.

§ III

Mais, par un brusque revirement, la confiscation des bourses des anciens collèges allait être irrémédiablement consommée sous le Consulat et l'Empire. Cette spoliation fut la conséquence tant d'une refonte générale du régime de l'enseignement en France que d'une nouvelle évolution dans l'opération des biens nationaux. Les faits sont intéressants à rappeler à ce double point de vue.

I. — Le collège Louis-le-Grand, devenu collège des Boursiers de l'Egalité, avait été, nous l'avons dit, le seul établissement d'enseignement secondaire resté ouvert à Paris pendant la Terreur.

Comme premier acte d'un programme de réorganisation de l'Instruction publique, le Directoire avait, par la loi du 26 messidor an V, reconstitué le patrimoine des anciens boursiers, ceux-ci devant continuer à rester groupés au collège Louis-le-Grand qui avait pris le nom de Prytanée français.

Or, la plupart des bourses des anciens collèges étaient *territoriales,* c'est-à-dire affectées, en vertu des titres de fondation, à des jeunes gens originaires d'une portion déterminée du territoire : ville, province, paroisse ou diocèse. Des constatations faites par M. Portiez de l'Oise, dans son rapport du 19 fructidor an VI, il résulte que 42 départements seulement, sur ceux composant l'étendue du territoire de la République, pouvaient revendiquer le bénéfice de ces bourses d'un caractère exclusivement local. Le Gouvernement résolut d'étendre, par des mesures individuelles, la même faveur aux autres départements et d'augmenter, en conséquence, la subvention que l'État n'avait, du reste, cessé de fournir pour l'entretien des boursiers présents à Louis-le-Grand, depuis que le patrimoine de ceux-ci avait été confisqué dans l'opération des biens nationaux.

Pour l'an VI, cette subvention avait été portée à 180.000 francs. On crut, pour l'an VII, à raison des restitutions déjà opérées, devoir la réduire à 119.000 francs, somme que nous trouvons inscrite au budget du ministère de l'Intérieur pour cette même année. Elle fut fixée, pour l'an VIII, au chiffre de 200.000 francs (1).

L'administration du Prytanée avait donc à sa disposition :

1° 256.666 francs de rente produits par le patrimoine confisqué mais non encore aliéné des anciennes fondations de bourses ;

2° Une subvention de l'État qui s'était élevée jusqu'à 200.000 francs.

Cette situation budgétaire permit au Prytanée de recevoir environ 500 boursiers. Ce chiffre accusait, au point de vue de la distribution de l'enseignement public, un état de choses moins satisfaisant que celui qui existait avant la Révolution, puisqu'au début de l'année 1789 plus de 800 boursiers se trouvaient répartis entre dix grands collèges de plein exercice lesquels possédaient, en outre, une très nombreuse clientèle d'élèves externes ou pensionnaires.

(1) Cet historique se trouve retracé dans le rapport fait par M. Silvestre de Sacy à la Chambre des Pairs, au sujet de la pétition des boursiers Pluyette. (Séance du 27 mars 1834.)

Sans doute, la loi du 7 ventôse an III, qui avait supprimé les collèges dans toute l'étendue de la République, avait bien substitué à partie d'entre eux des *écoles centrales* qui étaient ouvertes à tous indistinctement et dont l'entretien incombait à l'Etat ; mais ces écoles étaient peu prospères et ne disposaient que de subventions insuffisantes.

Le Gouvernement de l'an VIII résolut de remédier à une situation aussi fâcheuse.

Le Prytanée, centre de l'enseignement public en France, fut également le pivot des premiers essais de réorganisation.

Un arrêté des Consuls du 1er germinal an VIII ordonna que le Prytanée français serait divisé en quatre grands collèges, placés, le premier au siège même du Prytanée (ancien collège Louis-le-Grand), le second à Fontainebleau, le troisième à Versailles, le quatrième à Saint-Germain.

Chacun de ces collèges devait recevoir, en dehors d'élèves payants ou pensionnaires, cent élèves qui seraient élevés gratuitement et recevraient le nom de « *boursiers* ».

Ces boursiers devaient être nommés par le Premier Consul sur la présentation du ministre de l'Intérieur, et choisis parmi les enfants peu fortunés des militaires tombés sur le champ de bataille ou des fonctionnaires morts en activité de service.

Un arrêté du premier Consul, en date du 27 messidor an IX (1er juillet 1801) modifia cette organisation en fixant le siège des 4 grands collèges à Paris, Saint-Cyr, Saint-Germain et Compiègne, et en portant à 900 le nombre des boursiers ou élèves gratuits à la charge du gouvernement.

Le 21 floréal an X (10 mai 1802) intervint une loi qui organisait un nouveau système d'instruction publique.

Elle supprimait les écoles centrales et créait les lycées avec *6.400 bourses,* pour des élèves nationaux, c'est-à-dire pour les enfants des citoyens morts à l'ennemi ou dont il y avait lieu de récompenser le dévouement à la République. — Il avait été pourvu aux besoins de cette organisation nouvelle par la loi de finances du 3o ventôse an IX (20 mars 1801) qui affectait à l'instruction publique un capital de 135 MILLIONS *à prendre sur les biens nationaux.*

Cette dotation n'abrogeait pas, du reste, la dotation spéciale ni le budget personnel du Prytanée.

Un arrêté du 6 ventôse an XI (25 février 1803) transforma le collège de Compiègne en école des arts et métiers, ce qui fit que le Prytanée ne se composa plus que de 3 grands collèges.

Cependant, la volonté du Premier Consul étant que l'enseignement fût uniforme et que tous les anciens collèges fussent transformés en lycées, un arrêté du 15 vendémiaire an XII (8 octobre 1803) décida : 1° Que le collège de Saint-Cyr, qui formait une des divisions du Prytanée, porterait seul à l'avenir, le nom de Prytanée français ; 2° qu'à dater du 1er vendémiaire an XII les dotations dont les trois divisions ou collèges jouissaient en commun seraient exclusivement affectées à l'entretien et à l'instruction des élèves du gouvernement placés à Saint-Cyr. Un autre décret du 19 nivôse suivant (9 janvier 1805) institua un nouveau mode d'administration des biens et revenus du Prytanée de Saint-Cyr. Quant à l'ancien siège central du Prytanée, il avait repris sa dénomination première. L'ex-Institut des Boursiers n'était plus que le *lycée* Louis-le-Grand.

Une partie des *anciens Boursiers* continua à y demeurer et fut confondue avec ceux des 6.400 *Boursiers nationaux* que l'on y envoya. Les autres *anciens Bour-*

siers furent « *colonisés* », c'est-à-dire répartis entre divers lycées de France.

Le jeune boursier Pluyette, Alexandre Duverger de Villeneuve, avait été ainsi désigné pour être envoyé au lycée de Rennes ; mais, sur les observations de sa famille qui fit remarquer qu'en vertu de la fondation de Jean Pluyette c'était au collège Louis-le-Grand remplaçant celui des Bons-Enfans que ce jeune boursier devait être élevé, il y fut, en effet, maintenu.

Il était d'ailleurs pourvu à l'entretien des anciens boursiers dispersés dans les divers lycées de France, au moyen des revenus du patrimoine spécial des Prytanées.

Mais ce patrimoine lui-même ne tarda pas à être l'objet de nouvelles dispositions législatives qui devaient en consommer la ruine !

II. — Ces mesures législatives se rattachant à la vente des biens nationaux, il nous faut revenir sur cette colossale spoliation grâce à laquelle, depuis le début de la Révolution, s'étaient édifiées, à bon compte, tant de fortunes privées considérables, et qui devait, sous le Consulat et l'Empire, permettre de donner satisfaction à d'autres convoitises.

Il existe à cet égard, un document fort curieux. C'est un rapport adressé le 8 brumaire an XI par l'administration du Prytanée au ministre des Finances pour demander l'autorisation d'échanger, contre les bois de Chevreuse, les 154 arpents de bois en coupes réglées situés sur le territoire de Rueil. « *Attendu que le Premier Consul a* « *fait connaître que les bois de Rueil étaient à sa con-* « *venance comme entourant le domaine de la Malmaison* « *et qu'il désirait que l'on n'y effectuât pas la coupe de* « *l'ordinaire de l'an XI.* »

Les bois de Rueil distraits, en effet, du domaine du Prytanée et mis en vente comme biens nationaux furent achetés, pour le compte de la future Impératrice Joséphine, par un sieur Mayer, lequel resta adjudicataire au prix de 79.257 francs. Ces bois rapportaient 11.000 francs de revenu annuel.

Le Prytanée reçut, en échange, le bois de Chevreuse qui avait été confisqué, comme bien national, sur l'ancienne abbaye de Port-Royal.

Il existait encore, à cette époque, aux mains du Domaine, pour plusieurs centaines de millions de biens nationaux non vendus, comprenant notamment des forêts et d'anciens fiefs seigneuriaux.

L'aliénation de ces biens apparut à Napoléon comme un moyen indirect de reconstituer, au profit de la famille impériale et de la nouvelle noblesse militaire qu'il allait créer, les grandes propriétés foncières de l'ancienne noblesse.

Les ventes ou affectations de biens nationaux reprirent donc leur cours.

Une partie de ces bois et forêts se trouvait justement faire partie du patrimoine des anciens boursiers.

Les administrateurs du Prytanée en avaient la gestion ; et, il leur incombait d'assurer la conservation de ce gage. C'est alors que la loi du 8 pluviôse au XIII (25 janvier 1805) ordonna l'aliénation des « *immeubles de toute nature appartenant aux Prytanées* », le prix de vente devant être versé à la caisse d'amortissement et employé en acquisitions de Rentes sur l'Etat. Il était stipulé que les arrérages de ces Rentes serviraient, à concurrence des 7/8mes, à l'entretien des bâtiments et aux pensions des *Elèves nationaux,* et que le surplus serait employé, comme fonds d'accumulation, en acquisitions successives de Rentes. L'exposé des motifs de la loi indiquait, à l'appui de ces dispositions, les considérations suivantes :

« ..... Vous verrez, dans le remplacement du produit « des aliénations en Rentes sur l'Etat, le double avan- « tage d'augmenter d'une part le revenu du Prytanée

« tant par le taux de l'emploi des fonds que par la dimi-
« nution des frais d'administration, et de soutenir, d'une
« autre, la confiance des effets publics et la valeur dans
« la circulation !... »

On sait qu'en effet la hausse de la Rente, considérée
comme le thermomètre de la prospérité de l'Empire, était
une des grandes préoccupations de Napoléon, lequel
avait maintes fois menacé de sévir contre les vendeurs
en spéculation ! Il n'avait jamais pu comprendre que
l'obligation pour les vendeurs à découvert de se racheter,
c'est-à-dire de trouver du titre, était un des plus actifs
éléments de hausse.

L'Empereur était fort impatient de rattacher au
domaine de la couronne les bois de Trappes, de
Chevreuse et de Couart, qui appartenaient au Prytanée,
et, d'autre part, de convertir en Rentes les biens-fonds
de cet établissement, biens dont l'aliénation était
ordonnée par la loi du 8 pluviose an XIII. C'est au
palais de Stupinigi, l'une de ses étapes militaires, qu'il
signa peu après (5 floréal an XIII) un décret, dont
l'économie peut se résumer en quelques mots. L'Etat
reprenait au Prytanée les bois précités et donnait en
échange d'autres biens nationaux, mais en stipulant que
ces derniers biens seraient vendus et le prix de réalisation employé en titres de Rente.

L'administration du Prytanée semblait cependant
peu désireuse de voir disparaître son important domaine
immobilier, dans lequel se trouvaient confondus les
biens servant de gage aux droits des anciens boursiers.
Il fallut qu'une lettre adressée, le 13 frimaire an XIV,
par Fourcroy, Directeur de l'Instruction publique, au
Préfet de Seine-et-Oise, président du bureau d'administration du Prytanée, rappelât que ledit Prytanée avait
« pour plus de quatre millions de biens et que jusqu'à
« brumaire il n'en avait encore été vendu que pour

« 400.000 francs, soit à peu près le 1/10 de cette éva-
« luation ».

L'opération fut brusquée et consommée, l'année suivante, par un décret impérial du 5 mars 1806, qui transférait purement et simplement à la Caisse d'amortissement tous les biens et rentes composant la dotation du
Prytanée. L'administration du Prytanée recevait, en
échange, une rente perpétuelle de 400.000 francs, en 5 o/o
consolidé, avec jouissance du 1er janvier 1806.

Cette inscription de rente était déclarée *inaliénable*.
Cependant, deux ans après, le décret du 11 décembre 1808, qui faisait suite à d'autres décrets portant organisation de l'Université de France, transférait à ladite
Université les biens restés disponibles des anciens établissements d'Instruction publique, et les 400.000 francs
de rente qui venaient d'être affectés au Prytanée.

L'ex-Institut des Boursiers se trouvait ainsi totalement
dépouillé des biens provenant des anciennes fondations
de bourses, et notamment des bourses de famille, biens
qui devaient permettre de faire face à leur entretien (1) !

(1) Pour se rendre un compte exact de la façon dont cette dépossession s'effectua, il faut considérer que, dans le plan général de réorganisation de l'enseignement, le rouage spécial du Prytanée, avec son patrimoine particulier, n'avait
plus de raison d'être et se conciliait difficilement avec le caractère unitaire des
nouvelles institutions.

Depuis la loi du 21 floréal an X, les *anciennes bourses* territoriales dont ne
bénéficiaient que 42 departements, se trouvèrent, en fait, confondues avec les
6.400 bourses nouvelles, dites bourses nationales, créées par l'Etat au profit de
tous les départements de France sans distinction. Par décret du 17 septembre 1808, le gouvernement impérial avait, il est vrai, fait retomber à la
charge des villes l'entretien d'une partie de ces bourses. Mais, que ces bourses
nouvelles fussent entretenues par l'Etat, ou par les villes, elles n'en constituaient
pas moins une sorte de remploi des fondations autrefois faites en faveur de certaines localités. « Ces anciennes fondations, disait, en 1834, M. Sylvestre de
« Sacy, avaient un caractère commun d'intérêt public joint à un intérêt local.
« Mais, dans le système actuel d'administration publique, tous ces intérêts lo-
« caux sont extrêmement affaiblis et sont confondus dans l'intérêt général. »
Voilà pourquoi, indépendamment de la difficulté qu'avaient à cette époque les
gouvernés à protester contre des actes du pouvoir impérial, ceux des départements qui pouvaient prétendre au bénéfice des anciennes fondations de bourses
n'élevèrent aucune réclamation au sujet de l'anéantissement du patrimoine du
Prytanée, puisqu'ils trouvaient une compensation dans l'attribution qui leur était
faite d'une quote-part des bourses nationales créées par l'Etat.

Mais, il n'en était pas ainsi pour les bourses dites de famille. Les représentants des anciens fondateurs ne recevaient aucun équivalent pour la spoliation
dont ils étaient victimes.

En cette même année 1808, l'administration des Domaines faisait vendre les bâtiments, cour et jardin du ci-devant collège des Bons-Enfans. L'adjudication en eut lieu, le 29 avril, au profit d'un sieur Huin, qui resta acquéreur du tout pour le prix de 64.500 francs. Les bâtiments étaient loués alors 3.300 francs ; la superficie totale des terrains s'élevait à 2.228 mètres. Le terrain seul aurait aujourd'hui une valeur dépassant 400.000 fr.

Ainsi finit cet antique collège parisien, qui avait vu, pendant des siècles, se succéder dans son enceinte les plus pauvres et les plus méritants des écoliers de la montagne Sainte-Geneviève. Après avoir subsisté longtemps grâce à la fondation de Jean Pluyette, il avait été converti en séminaire, puis en prison, et avait été ensanglanté par les massacres de septembre. Vendu en 1808 comme bien national, il reçut une affectation industrielle : l'acquéreur y installa une filature de coton.

Racheté en 1818, il devint le siège de l'Institution des Jeunes Aveugles jusqu'au moment où elle fut transférée au boulevard Montparnasse.

L'ancien collège des Bons-Enfans remis en vente et acheté par des particuliers fut alors définitivement démoli. Comme presque tous les monuments du vieux

Chose étrange, c'est par simple prétérition, en quelque sorte clandestinement, que la ruine des anciennes bourses de famille se trouva consommée.

En 1806 et 1808, il ne subsistait guère, comme institutions de cette nature, que les bourses fondées par Jean Pluyette an xv° siècle et celles fondées par Alain Chartier, au collège de Boissy, au xiv° siècle.

D'importants immeubles à Paris avaient constitué le gage de ces deux riches fondations que Crevier, dans son *Histoire de l'Université* citait comme des monuments de gloire nationale.

Mais, ces considérations historiques étaient peu faites pour toucher le législateur de 1803 qui se borna sans doute à constater que ces anciennes bourses de famille, réduites à une vingtaine au plus, ne représentaient, au regard des 6.400 bourses nationales nouvellement créées, qu'une quantité absolument négligeable et que leur maintien s'harmonisait mal, du reste, avec la récente organisation de l'Instruction publique.

En conséquence, les décrets de 1806 et 1808 oublièrent, intentionnellement ou non, de réserver les droits des bourses de famille dans les mesures législatives qui disposèrent du patrimoine du Prytanée, c'est-à-dire du patrimoine des anciens boursiers. En fait, c'était frapper ces droits de déchéance !

Seulement l'Etat oublia d'indemniser les familles intéressées, lorsqu'il s'empara abusivement de tous ces biens légués avec affectation spéciale par les fondateurs, biens qui, pour les deux fondations d'Alain Chartier et de Jean Pluyette, représenteraient actuellement plus de 10 millions de francs.

Paris, il disparut faisant place à des maisons de rapport.

Que devenaient, au milieu de toutes ces vicissitudes, les boursiers Pluyette ?

Les deux jeunes Duverger de Villeneuve achevèrent paisiblement leurs études au Prytanée sans soupçonner que leurs droits de boursiers eussent reçu la moindre atteinte.

Depuis, deux enfants de l'un d'eux furent admis comme boursiers dans cet établissement qui avait repris son ancienne dénomination de collège Louis-le-Grand.

Cependant quand, sous Charles X et plus tard sous la monarchie de juillet, les neveux d'Etienne Pluyette et les enfants de l'autre boursier Duverger de Villeneuve invoquèrent, à leur tour, le bénéfice de la fondation de Jean Pluyette, on leur opposa la caducité de cette fondation, les biens légués par le testateur ayant été vendus comme biens nationaux.

En vain les réclamants firent-ils remarquer que ces biens avaient été remplacés, entre les mains du Prytanée, par une dotation en Rentes sur l'Etat, et que, l'Université étant devenue attributaire de cette Rente, il était juste qu'elle se chargeât de l'entretien des bourses, lesquelles devaient être précisément alimentées au moyen des biens représentés par cette Rente.

L'Université se borna à objecter que le décret du 16 décembre 1808 lui avait attribué *à titre d'apanage et sans désignation d'aucune charge* les 400.000 francs de Rente du Prytanée et que la dotation ainsi faite par l'Etat n'avait pu, par suite, lui imposer l'obligation d'entretenir telle ou telle Bourse de famille.

Cet argument de texte prévalut devant les Tribunaux. Les consorts Pluyette s'adressèrent alors à l'Etat, faisant remarquer que l'Administration des Domaines s'était, en définitive, emparée de biens que le testateur avait légués sous la condition expresse de l'entretien des bourses. Ils rappelaient que le testament de Jean Pluyette autorisait même ses exécuteurs testamentaires et ses héritiers naturels à faire prononcer la résolution du legs, en cas d'inexécution de cette condition, et à agir alors par « *caption* » c'est-à-dire par revendication judiciaire des biens légués. Ils ajoutaient que si l'Etat ne pouvait rendre les immeubles qui n'existaient plus matériellement entre ses mains, il devait tout au moins en restituer la contre-valeur, telle qu'elle avait été fixée par le prix d'aliénation, et dont il avait indûment profité au détriment des ayants droit légitimes.

Sans méconnaître la justesse de cette thèse au point de vue de l'équité, le Gouvernement se borna à opposer la prescription établie par les différentes lois de finances, lesquelles déclaraient éteinte au bout de 5 ans toute créance contre l'Etat.

N'était-ce pas le cas d'appliquer l'adage « *Summum jus, summa iniuria* » ?

En émettant l'avis que les fondations de bourses dont les biens avaient été confisqués et vendus comme biens nationaux étaient éteintes et se *trouvaient perdues pour les familles*, le Conseil d'Etat ajoutait :

« Mais, les considérations d'équité présentées par le « Grand-Maître de l'Université et le Conseil de l'Ins- « truction publique, pour favoriser, dans la distribution « des bourses royales, les descendants des familles « privées de leur fondation, sont de nature à faire attri- « buer, dans ces conditions, une bourse en faveur du « jeune Duverger de Villeneuve. »

En 1828, M. de Vatimesnil, alors Ministre de l'Instruction publique écrivait également à M. V. Pluyette, frère des anciens boursiers Philippe et Etienne Pluyette, — qui sollicitait l'admission de ses deux fils, comme boursiers, à Louis-le-Grand, en vertu de la fondation de Jean Pluyette : «... Cependant, je reconnais que la *spo-*

« *liation* dont la famille de Jean Pluyette a été victime,
« est un titre à la bienveillance du Roi et je suis disposé
« à appeler les bienfaits de Sa Majesté, toutes les fois
« que les circonstances le permettront, sur les membres
« de cette famille... »

C'est dans ces conditions que des demi-bourses et
plus tard des bourses entières au collège Louis-le-Grand
furent accordées exceptionnellement aux jeunes Pluyette
et de Villeneuve. Ultérieurement, le représentant d'une
autre branche Pluyette bénéficia d'une faveur analogue.
Mais, il s'agissait là de mesures individuelles qui n'ont pas
été étendues à d'autres descendants des anciens boursiers.

Ainsi se trouva consommée cette « *spoliation* » qui
constitue une page documentaire dans la vaste opération
des *biens nationaux*, laquelle restera un des côtés les
plus caractéristiques de la période révolutionnaire...

... Pendant plus de trois cents ans, les marguilliers de
Mesnil-Aubry et de Fontenay, c'est-à-dire de simples
laboureurs, des petits et des humbles, avaient pu maintenir intacts, au regard des Puissances d'alors, les droits
dont Jean Pluyette, par son testament, les avait cons-
titués les gardiens perpétuels. Et, par une étrange
anomalie, ce fut le Régime ayant pour programme
l'égalité des citoyens devant la loi et le respect des
droits individuels, qui effectua la destruction de toutes
ces fondations privées.

De l'œuvre de l'ancien Recteur rien, aujourd'hui, ne
subsiste !... Et pourtant, en présence des efforts tentés
pour répandre l'instruction dans toutes les classes
sociales, on est amené à reconnaître que la société mo-
derne a, du moins, réalisé cette pensée inscrite, il y a
près de cinq siècles, par Jean Pluyette, au début de son
testament, que « *c'est belle chose de faire apprendre
enfans à l'école.* »

TABLE DES MATIÈRES

CHAPITRE V

I

II

CHAPITRE VI

I

ERRATA

Page 47, ligne 16, au lieu de *qualités d'identité,*
lire *qualités d'idonéité.*

Page 74, ligne 28, au lieu de *1er février 1769,*
lire *21 novembre 1763.*

Page 75, ligne 16, au lieu de *1er février 1769,*
lire *21 novembre 1763.*